LA

FRANCE

NOUVELLE

PAR

M. PREVOST-PARADOL

DE L'ACADÉMIE FRANÇAISE

PARIS

MICHEL LÉVY FRÈRES, LIBRAIRES ÉDITEURS

RUE VIVIENNE, 2 BIS, ET BOULEVARD DES ITALIENS, 15

A LA LIBRAIRIE NOUVELLE

—

1868

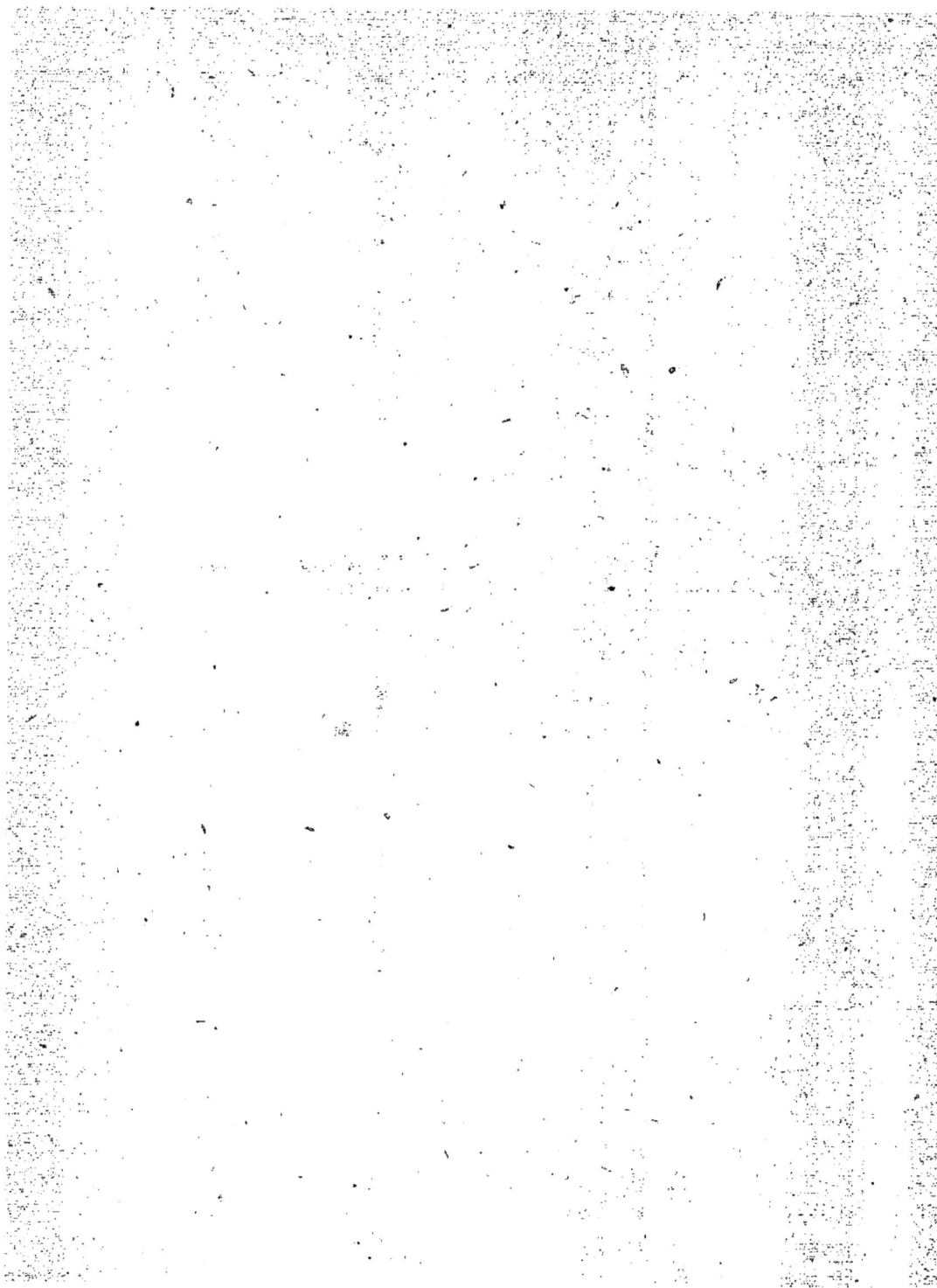

LA

FRANCE NOUVELLE

LA
FRANCE NOUVELLE

PAR

M. PREVOST-PARADOL

DE L'ACADÉMIE FRANÇAISE

M · L

PARIS

MICHEL LÉVY FRÈRES, LIBRAIRES ÉDITEURS

RUE VIVIENNE, 2 BIS, ET BOULEVARD DES ITALIENS, 15

A LA LIBRAIRIE NOUVELLE

—

1868

PRÉFACE

On dit souvent, pour donner une juste
idée du pouvoir arbitraire auquel la plupart des peuples de l'Orient sont soumis,
que l'homme qui bâtit sa maison ou qui
laboure son champ ne sait jamais si l'œuvre
de ses mains lui sera laissée ou si quelque
autre ne s'emparera pas brusquement du
fruit de son travail. Notre société mieux
policée nous assure une sécurité plus
grande, et rien de semblable ne peut arriver parmi nous, excepté pourtant lorsqu'il
s'agit des œuvres de l'esprit.

a

Voici, par exemple, un livre d'environ
quatre cents pages qui ne s'adresse évidemment qu'aux lecteurs cultivés, qui n'est
certes point de nature à causer le moindre
trouble, qui traite uniquement de philosophie politique et d'histoire, et qui, inspiré
par le seul sentiment du patriotisme, est
entièrement dégagé, on le reconnaîtra sans
peine, de l'esprit de secte et de parti. En
outre, un rapport célèbre du président du
Sénat a garanti une immunité particulière à
ce genre d'études, et il existe en ce qui touche
cette province de la république des lettres
une sorte de traité public entre le pouvoir
actuel et les écrivains[1]. Qui me dit cepen-

---

1. Voici ce passage du rapport de M. Troplong
(séance du 12 juillet 1866), à l'occasion du projet de
sénatus-consulte interdisant toute discussion de la
Constitution aux journaux, écrits périodiques et bro-
chures de moins de dix feuilles : « Une objection a ce-

dant qu'en produisant cet ouvrage, je n'ai
point travaillé surtout à l'avancement de
quelque agent subalterne, qui pourra se
croire intéressé à mettre la main sur ce
traité inoffensif de politique et d'histoire,
soit pour donner une preuve de son zèle,

pendant été faite; on a conçu des inquiétudes pour la
liberté des études qui, à l'aide de la philosophie et de
l'histoire, portent le flambeau de la critique sur la politique des États... Mais, en dehors des écrits périodiques, il y a les livres. Le sénatus-consulte n'atteint
pas ces dépositaires des véritables richesses de l'intelligence... C'est là que s'ouvre une libre carrière pour
les discussions théoriques et philosophiques d'où jaillis-
sent les lumières durables. Si les Aristote, les Cicéron,
les Montesquieu revenaient au monde, ce n'est pas le
projet de sénatus-consulte qui les empêcherait de produire leurs méditations sur la politique et de rechercher
la meilleure forme de gouvernement. » Certes, on ne
pourrait demander d'engagement plus explicite, et il
faudrait considérer cette garantie comme sérieuse si
l'on ne devait malheureusement se garder de prendre
trop au sérieux les documents de ce genre.

soit, plus innocemment encore, parce que,
ne découvrant rien de répréhensible dans
cet écrit, il craindra par là même de l'avoir
imparfaitement compris, et tremblera de ne
point paraître assez scandalisé?

Et, qu'on veuille bien y songer, l'esprit
du temps est tel, que cette première démarche, une fois faite, est irréparable : les
dieux d'en haut ont beau regretter ou blâmer à voix basse le faux mouvement des
demi-dieux d'en bas, il faut bien que ce
mouvement s'achève et que le bras levé
ne retombe pas sans avoir fait la blessure.
Le point d'honneur et l'imagination gros-
sissent tout en France, et, dès que ces
sortes d'affaires sont engagées, le pouvoir
et ses serviteurs de tout ordre se croient
volontiers dans la situation de ces États
qu'un hasard ou une imprudence a entraînés
dans une guerre impolitique ou injuste.

On aimerait mieux qu'elle ne fût point commencée, mais il faut avant tout qu'on l'achève par une victoire, sous peine de perdre son prestige ; or, l'ennemi à vaincre dans les affaires de ce genre, c'est l'écrivain. Nous sommes donc réduits à compter, en prenant la plume, non-seulement avec la résolution calculée de ceux qui disposent réellement du pouvoir, mais avec l'empressement étourdi de ceux qui en ont reçu la moindre parcelle. Que les vrais maîtres de nos affaires aient plus de force qu'il n'en faut pour nous accabler, s'ils le croient vraiment nécessaire, rien de plus naturel ; mais il est pénible et presque irritant de savoir qu'une chiquenaude peut suffire pour mettre en action cette grande machine et de se sentir de la sorte à la merci du moins puissant des sots.

Au fond, nous aurions le droit de ne point

distinguer entre les uns et les autres, car
poursuivre un livre (en dehors de la question des bonnes mœurs ou de la diffamation
personnelle) est toujours une niaiserie. Que
des poursuites puissent intimider la presse
périodique, influer sur sa conduite générale
et rendre les journaux plus modérés par
prudence, on peut le comprendre; mais
un livre, qui, une fois publié, est un acte
irrévocable, qui doit infailliblement prospérer ou périr, selon le sujet qu'il traite et
selon le talent de l'écrivain, à quoi bon le
poursuivre? Est-ce pour le supprimer, l'a-
néantir? Certes, si l'imprimerie n'existait
pas, ou si les tribunaux français avaient
juridiction sur toute la terre, on pourrait
concevoir une telle espérance. Mais, dans
notre état actuel de civilisation, c'est une
illusion puérile que de prétendre arriver
par des arrêts de justice à la suppression

d'un écrit, pour peu que le public éclairé
ait un motif quelconque d'en prendre connaissance. Je n'ai pas grand mérite à affir-
mer, par exemple, qu'il ne serait au pouvoir de personne d'empêcher le présent
ouvrage d'arriver aux lecteurs français et
étrangers en vue desquels je le publie.

C'est donc sans intérêt personnel que je
viens de traiter en passant cette question
générale de la poursuite des livres et, abandonnant maintenant ce sujet aux réflexions
des personnes que ces choses-là concernent,
je vais essayer d'expliquer brièvement au lecteur l'objet et le but de ce travail. Depuis
dix ans que j'ai commencé à écrire sur les
affaires publiques, j'ai proposé bien des réformes particulières que je crois utile d'introduire dans nos institutions et dans nos
lois : cette fois, j'esquisse le plan d'une réforme générale qui embrasse tout l'État,

depuis l'exercice du droit de suffrage, source
de toute autorité, jusqu'à l'organisation et
au fonctionnement du pouvoir suprême. On
retrouvera dans ces études cette indifférence déclarée et obstinée aux questions
de personnes, de dynasties et de forme extérieure du gouvernement qui m'a valu
tant d'attaques et même une condamnation
judiciaire, mais qui sera toujours, je l'espère, mon principal titre à l'approbation
des esprits sages et des bons citoyens.
Ce n'est pas que je n'aie comme tout le
monde sur ces divers points mon inclination particulière et mes préférences
personnelles, mais je persiste à appeler
ces questions *des questions secondaires,*
à côté de la question capitale de la réforme politique et administrative de la
France. Malgré les modifications brusques
ou insensibles que le temps opère toujours

en nous-mêmes, je me crois, sur ce point
du moins, à l'abri de tout changement, et je
n'imagine pas que je devienne jamais capable de haine ou d'enthousiasme pour les
mots de monarchie ou de république, ni
qu'aucun gouvernement, quels que soient sa
forme et son nom, parvienne à me changer,
par le seul fait de son existence, en adversaire factieux ou en partisan servile. Ces
questions de mots et de personnes qui, pour
trop de Français, résument tout ce qu'ils
entendent par le terme de *politique,* sont
dominées, à mes yeux, par une question
beaucoup plus importante : celle de savoir
si nous serons enfin une nation libre.

C'est plutôt, à vrai dire, la question de
savoir si nous continuerons à être, car nous
pouvons retourner aujourd'hui, en parlant
de notre cher pays, le mot célèbre prononcé
jadis sur les jésuites : « *Sint ut sunt,* disait

leur chef, *aut non sint*, qu'ils soient ce qu'ils sont ou qu'ils ne soient plus. » *Sit ut est*, pouvons-nous dire de la France, *et non erit*, qu'elle reste telle qu'elle est, et elle cessera d'être. Oui, si dure que cette vérité puisse paraître à notre orgueil, c'est notre existence nationale qui est en jeu, et nous ne pouvons nous flatter d'échapper à une décadence irrémédiable autant que rapide si nous ne prenons pas le grand parti de nous réformer nous-mêmes et de montrer enfin au monde une *France nouvelle*. Sur quel point faut-il que ce renouvellement s'opère et dans quelle mesure est-il urgent de l'accomplir? On le verra dans la suite de cet ouvrage, qui ne satisfera, je l'avoue tout d'abord, ni les esprits routiniers, ni les esprits chimériques. Car il est remarquable qu'en France la plupart des hommes qui écrivent sur ces questions se croient trop timides s'ils ne proposent pas de bouleverser de fond en comble la société et l'État et s'ils ne dépassent point, par l'audace et la singularité de leurs propositions, tous ceux qui ont écrit avant eux sur les mêmes matières; tandis que, de leur côté, la plupart des hommes qui ont été chargés du gouvernement ou mêlés à la conduite des affaires croiraient sincèrement tout perdre ou craindraient de passer pour des esprits téméraires et légers s'ils acceptaient les changements les plus modestes à l'ordre de choses établi: si bien que le public déconcerté ne sait où se prendre et ne voit point de milieu entre la routine aveugle des uns et la folie bruyante des autres. C'est aux uns et aux autres que ce travail ne peut manquer de déplaire, mais il n'est écrit ni pour les uns ni pour les autres; il s'adresse à cette partie sérieuse et

désintéressée du public qui possède assez
de lumières pour juger ces questions en
connaissance de cause et qui est gênée par
assez peu de préjugés pour les trancher
conformément au simple bon sens et à l'intérêt du pays.

Le second *livre* de cet ouvrage expose
ces divers plans de réforme. Le premier
livre contient une étude sur la démocratie
qui ne regarde pas seulement la France,
et le troisième *livre* présente quelques considérations générales sur notre histoire
depuis 1789 et sur notre avenir. Cette
étude sur la démocratie n'a point de prétention à l'originalité, par la raison bien
simple que, depuis le jour où l'état démocratique a provoqué les réflexions des phi-
losophes et des politiques, bien des remar-
ques ont été faites qui ont reçu depuis la
confirmation de l'expérience, et ce serait

apporter une vanité littéraire bien inconvenante dans ces graves sujets que de
renoncer à la vérité sous prétexte qu'elle
n'est pas nouvelle. Ce n'est pas cependant
sans profit pour la science politique que tant
d'expériences récentes se sont produites
et je crois avoir traité ces questions, ra-
jeunies par nos propres épreuves, avec assez de précision et de clarté pour mériter
peut-être l'attention des personnes que ce
genre d'études intéresse. Quant à la partie
historique que contient le troisième *livre*,
sans espérer mettre d'accord sur les événements accomplis tant d'esprits, d'ailleurs sincères et droits, que ces événements divisent
encore, je suis du moins convaincu que le
lecteur rendra justice à la modération et à
l'impartialité de mes jugements. Étranger
à tous les régimes qui ont précédé le gouvernement actuel, sans préjugés sur les

choses et sans passions contre les personnes,
ayant, au contraire, avec la plupart des
Français illustres qui ont figuré dans cette
histoire des liens de respect et d'amitié que
ma sincérité ne peut que resserrer, loin de
les rompre, j'étais peut-être mieux placé
que beaucoup d'autres pour parler de ces
diverses époques avec une entière indépendance d'esprit et avec l'habituelle liberté
de mon langage. Enfin je n'ai pas été moins
sincère dans les prévisions inquiétantes et
dans les conseils pressants qui terminent
ce volume.

Il serait temps, en effet, que chacun dît
ce qu'il pense, et que l'hypocrisie politique
qui nous dégrade, en même temps qu'elle
nous consume, eût un terme. Ceux qui auraient pu croire que la flatterie est l'apa-
nage exclusif des cours et qu'elle ne saurait
prospérer dans l'atmosphère d'une société

démocratique doivent être aujourd'hui dé-
trompés par l'expérience. Bien au contraire, on a pu voir que, dans une société
démocratique qui a un gouvernement monarchique, la flatterie, plus florissante que
sous l'ancien régime, a deux emplois et
trouve un double aliment. Les uns, suivant
tout simplement l'antique usage, flattent
le prince; les autres, forcés de chercher un
point d'appui contre le pouvoir excessif du
prince, flattent le peuple en pleine sécurité
de conscience. Si, du moins, tout courtisan
était ainsi contraint de choisir! mais de plus
habiles dans ce vil commerce flattent en
même temps le peuple et le prince avec une
égale impudence et avec un double profit.
Laissons faire ceux qu'on ne peut guérir de
cette triste habitude, mais n'allons pas en
grossir le nombre. Jeunes Français, restez
debout! ne vous fabriquez point, ni sur les

hauts lieux ni plus bas, de vaines idoles!
Pourquoi seriez-vous si fiers de refuser votre
encens aux tiares et aux couronnes si vous
le prodiguez au bonhomme Démos dans
des scènes dignes d'Aristophane? Je sais
comme vous d'où viennent les haches et
les faisceaux et combien il est naturel d'y
prétendre. Mais à quoi sert de les atteindre si nous nous sommes d'abord avilis et
enchaînés par des mensonges? Tout ce que
vous sacrifieriez de votre sincérité native et
de votre droiture serait autant de perdu
pour la liberté et la patrie.

PREVOST-PARADOL.

Paris, juin 1868.

LIVRE PREMIER

Ce qu'il faut entendre par les mots démocratie,
gouvernement démocratique, et des dangers que
court ce genre de gouvernement.

CHAPITRE PREMIER

QU'EST-CE QU'UNE DÉMOCRATIE?

On est dans l'usage de comprendre sous le nom de *démocratie* des états politiques fort différents, bien que ce mot qui signifie, à proprement parler, *pouvoir du peuple* ou *gouvernement du peuple,* ne s'applique, si on le prend à la rigueur, qu'à une situation politique déterminée.

On donne indifféremment, par exemple, le nom de démocratie aux États-Unis, à la France constitutionnelle de 1830, à la France républicaine de 1848, à la France impériale de 1852. Et cependant quelle différence entre ces diverses façons de subsister et de se gouverner? Dans l'un de ces États, le peuple exerce son autorité aussi directement que peut le comporter le principe moderne de la représentation nationale ; dans l'autre, deux cent mille citoyens environ exerçaient en son nom la souveraineté ; dans un autre encore, un seul homme est investi au nom du peuple de la plénitude du pouvoir. Le nom de *démocratie*, pris dans son sens rigoureux, ne peut donc convenir à des situations si différentes.

Mais, si l'on réfléchit à l'emploi ordinaire de ce mot, qui est aujourd'hui dans toutes les bouches, on ne tarde guère à s'apercevoir que les personnes qui l'appliquent à des situations politiques si variées confondent deux choses fort distinctes : la société et le gouvernement. En donnant indifféremment le nom de *démocratie* aux États-Unis, à la France constitutionnelle, républicaine ou impériale, on veut dire simplement que la société de ces divers pays et de ces diverses époques est une société démocratique ; ce qui est vrai. Ce n'en est pas moins faire un abus du nom de *démocratie* que de le prodiguer à tous

les États dans lesquels la société est incontestablement démocratique. Il faut, de plus, pour que
l'expression soit juste, que cette société démocratique soit politiquement constituée en *démocratie,* qu'elle soit en possession d'un gouvernement démocratique, en d'autres termes, que le
peuple s'y gouverne lui-même, selon la volonté
du plus grand nombre et en observant la loi des
majorités.

Or, il n'arrive pas toujours qu'une société démocratique soit en possession d'un gouvernement
fait à son image et mérite, en conséquence, d'être
appelée légitimement *une démocratie.* La société
française, par exemple, sous la monarchie de
Juillet, était certainement une société démocratique; mais il ne serait pas exact de dire que la
France avait dans ce temps-là un gouvernement
démocratique, puisque l'immense majorité des
citoyens n'avait point de part à l'élection des
députés de la nation ni à la direction des affaires
publiques. Le gouvernement était *constitutionnel,*
en ce sens que le pouvoir du monarque était

sagement défini et rigoureusement limité. On
pouvait lui donner aussi le nom de *parlementaire,*
puisque le Parlement était le principal déposi-
taire de la puissance publique; mais le nom de
gouvernement démocratique ou de *démocratie* ne
saurait lui convenir, à moins qu'on ne fasse la
confusion de mots dont nous parlions tout à
l'heure. Et cependant la société française était
alors tout aussi démocratique qu'elle peut l'être
de nos jours. La société française n'était pas
moins démocratique sous le premier Empire; elle
n'est pas moins démocratique sous le second, et
pourtant le nom de gouvernement démocratique
donné au premier ou au second Empire ferait
sourire tous les hommes éclairés.

Il faut donc reconnaître qu'une société peut
être démocratique sans être pour cela en possession du gouvernement démocratique et constituée
en *démocratie.* Ce qu'il y a de vrai, c'est qu'une
société démocratique tend inévitablement à prendre cette forme de gouvernement; et si elle ne
la possède pas, de deux choses l'une : ou bien

elle ne l'a pas encore atteinte et s'efforce d'y arriver; ou bien, l'ayant atteinte, elle l'a dépassée et perdue et s'efforce de la reconquérir.

Un gouvernement démocratique ne peut avoir qu'une société démocratique pour fondement, et de son côté une société démocratique semble faciliter et appeler la construction d'un pareil édifice. Mais cet édifice peut n'avoir pas encore été bâti, et sa place peut être occupée par toute sorte de constructions provisoires, ou bien il peut avoir été élevé et renversé, et l'on en contemple alors les ruines. Dans l'un ou dans l'autre cas, on peut voir une société démocratique privée de son gouvernement naturel et dénuée, en dépit des apparences et de l'usage, du droit de s'appeler une *démocratie*.

CHAPITRE II

COMMENT UNE SOCIÉTÉ DEVIENT DÉMOCRATIQUE,
ET POURQUOI ELLE RESTE TELLE.

Les sociétés ne débutent point par l'état démocratique. Il existe entre les hommes une inégalité naturelle que la civilisation tend à atténuer.
loin de l'accroître, selon le préjugé des philo-
sophes du dernier siècle, qui faisaient volontiers
de l'inégalité un crime de la civilisation et qui
refusaient d'en voir le fondement dans la nature.
L'intelligence, le courage, la faculté plus ou
moins développée d'acquérir ou de conserver la
richesse sont des causes naturelles d'inégalité
qui se donnent librement carrière dans une société

primitive; et ces inégalités une fois établies ne
tardent guère à être sanctionnées et surtout per-
pétuées soit par des lois oppressives, soit par
des préjugés religieux, sans parler du cas si fré-
quent où il y a conquête du pays et ascendant
d'une race sur une autre. Ce n'est qu'avec le
temps que l'idée de justice se fait jour et enseigne
aux hommes qu'en dépit de leur inégalité naturelle, acquise ou supposée par la loi, il doit
subsister entre eux une certaine égalité de droits
et de devoirs. Alors commence entre les classes
rivales une lutte dont la durée est variable, mais
dont l'issue est certaine et qui conduit sûrement
vers l'état démocratique la société qui l'a vue
naître.

L'état aristocratique (alors même que la suprématie très-limitée d'un chef donne à cette
aristocratie une apparence monarchique) est le
début naturel des sociétés, et, si l'on était tenté
de voir dans les États-Unis une exception à cette
règle parce que la société y a été dès le début
complétement démocratique, il suffirait d'obser-

ver que cette société n'était nullement une société
commençante, mais, au contraire, un rameau
vigoureux détaché d'une société plus ancienne, et
qui s'en était précisément détaché parce qu'il
tendait vers l'état démocratique, impossible alors
à conquérir dans la mère patrie. La société fut donc
dès son début aux États-Unis ce qu'elle eût été en
Angleterre, si l'aristocratie anglaise eût été dès
lors vaincue et détruite, ce qu'elle y sera sans doute
un jour après que cette grande transformation de
la société anglaise se sera lentement accomplie.
Aujourd'hui encore et sous nos yeux, l'Angleterre donne naissance sur le continent australien
à des sociétés purement démocratiques, qui
prennent aussitôt le gouvernement qui leur convient et se constituent en démocratie sous l'autorité nominale et tutélaire de la métropole. Mais
les sociétés australiennes ne sont pas plus des
sociétés nouvelles que la société des États-Unis
n'était nouvelle à l'époque où elle s'est fondée.
Ces diverses sociétés ne sont que des fractions
de la société anglaise, qui suivaient jusqu'alors la

route commune et auxquelles un chemin détourné a donné tout à coup une prodigieuse avance sur la mère patrie. Elles arrivent, dès le premier moment de leur séparation, à l'état démocratique par la simple raison qu'elles ont laissé leur aristocratie derrière elles, et que l'aristocratie est aussi radicalement absente de leur sein que si elle eût été brusquement détruite par une révolution ou lentement effacée par le progrès régulier de l'égalité. Mais, pour les classes inférieures restées attachées au sol de la patrie, l'égalité démocratique a toujours été le fruit d'un plus dur labeur et d'un plus long combat.

On peut dire que ce combat commence et qu'une société aristocratique est menacée dans son repos, le jour où les plus capables et les plus entreprenants, parmi ceux qui sont exclus de ses avantages, s'appuient sur les intérêts et les passions populaires pour faire brèche dans l'aristocratie et pour introduire l'égalité dans les institutions. Les classes inférieures, préoccupées des nécessités de l'existence, sont en général dénuées d'ambition politique; elles sont seulement avides de sécurité civile et de bien-être. Mais il se trouve toujours entre ces classes et l'aristocratie un certain nombre d'hommes au-dessus du besoin, affranchis de la nécessité du labeur des mains et cultivés par l'éducation, qui ne tardent guère à supporter avec impatience un état social où ils sont privés de certains avantages qu'une société aristocratique réserve pour une seule classe de citoyens, à l'exclusion de toutes les autres. Il s'agit tantôt de l'interdiction du mariage entre la classe supérieure et les autres classes, tantôt de l'impossibilité d'atteindre à certaines magistratures civiles ou militaires, tantôt de l'inégale répartition des charges publiques. Quand l'ambition de cette classe intermédiaire est ainsi éveillée et quand elle commence à sentir une indignation légitime, elle aspire à l'égalité; et, comme elle sent aussitôt qu'il ne suffit pas pour l'obtenir d'invoquer les idées de droit et de justice, elle s'appuie sur les intérêts méconnus des classes inférieures et avec le temps

elle triomphe infailliblement par leur concours.
Le plébéien pauvre à Rome ne songeait point à
devenir préteur ou consul ; il laissait de telles
visées à la partie riche, éclairée et ambitieuse de
son ordre, et ne souhaitait que l'abolition des
dettes ou une petite part du domaine public ; mais
par cette raison même il venait en aide à celui
qui voulait forcer le chemin de la préture ou du
consulat, et tous deux mettaient ainsi en commun
leurs efforts et leurs espérances. L'ambition politique éveillée chez quelques-uns et ainsi appuyée
sur le désir du bien-être qui existe chez tous
est irrésistible, et la transformation d'une société
aristocratique en société démocratique n'est plus
alors qu'une question de temps.

Le temps nécessaire à cette transformation
peut varier à l'infini suivant les circonstances
très-diverses au milieu desquelles elle s'opère.
Si la lutte entre les deux classes se poursuit à
ciel ouvert, dans un État bien ordonné et avec
des moyens légaux de constater et d'assurer
chaque victoire, cette lutte peut se prolonger

longtemps sans péril pour l'État, et devient au contraire le principal ressort de son activité et la source la plus féconde de sa grandeur, jusqu'au jour où elle s'achève par son succès même, et fait place à un nouveau et plus redoutable problème : c'est l'histoire de Rome. Si au contraire cette lutte a commencé dans un État où l'opinion publique n'a aucun moyen régulier de se faire obéir, et peut à peine se faire entendre ; si elle se poursuit dans l'ombre ou dans une demi-lumière, enflammant d'autant plus les âmes qu'aucun résultat pratique, qu'aucun succès partiel ne vient les détendre et pour un temps les satisfaire, la société aristo-cratique, de plus en plus minée par ce travail souterrain, s'effondre enfin d'un seul coup comme si elle disparaissait dans un abîme, et met un moment en péril l'existence même de la nation chez laquelle s'est produite cette convulsion de la politique, analogue aux convulsions les plus vio-lentes de la nature : c'est l'histoire de la France, c'est notre histoire. Si enfin cette lutte s'établit chez un peuple assez heureux ou assez sage pour y prendre part et pour la supporter sans impatience et sans haine; si l'aristocratie a le bon sens d'embrasser avec ardeur les intérêts populaires; si elle a l'instinct de céder toujours à temps la portion de ses priviléges qu'il y aurait péril public à maintenir; si elle a la justice et l'adresse d'appeler dans son sein tout ce qui s'élève et brille à côté d'elle; si, de plus, la classe moyenne possède dans leur plénitude tous les biens qui peuvent distraire ou consoler les hommes de l'inégalité du rang, tels que la fortune, une part considérable du pouvoir et la jouissance paisible d'une liberté sans bornes; si une émigration constante emporte incessamment la partie mécontente et active de la population, sans perte de forces pour la métropole; si toutes ces circonstances favorables se trouvent réunies, par la générosité du sort, au sein d'une société aristocratique; la lutte qui tend à transformer cette société mérite à peine le nom de lutte tant elle est dissimulée par l'image de la concorde et de la félicité publiques, et le courant qui emporte

une telle société vers la démocratie est si régulier
et si doux, qu'il est presque insensible. C'est
l'histoire de l'Angleterre.

Mais que la transformation d'une société aristocratique en société démocratique soit lente ou
prompte, violente ou paisible, cette transformation n'en est pas moins inévitable et, de plus,
irrévocable une fois qu'elle est accomplie. Une
société peut connaître plusieurs fois toutes les
extrémités de l'anarchie et de la servitude,
abattre des trônes et les relever pour les abattre
encore, effectuer de brusques révolutions dans
son costume et dans son langage, affecter tour à
tour l'austérité républicaine et la mollesse servile
du Bas-Empire; mais on verrait plutôt un fleuve
remonter vers sa source qu'on ne verrait une
société démocratique refluer vers l'aristocratie.
Bien des raisons expliquent l'impossibilité d'un
tel retour; tous les hommes ne sont pas sensibles
au charme élevé de la liberté, et vivre libres
n'est pas un besoin pour un grand nombre
d'âmes; mais la douceur de l'égalité est acces-

sible aux plus faibles intelligences, et l'on ne peut renoncer à ce plaisir une fois qu'on l'a goûté. De plus, les lois civiles et les mœurs d'une société démocratique s'accordent avec les idées strictes de droit et de justice, et trouvent dans la conscience humaine, aussi bien que dans les passions du plus grand nombre, un puissant appui. Quoi de plus équitable aux yeux de la pure raison que l'héritage également partagé, que la mobilité absolue des situations selon le mérite et des fortunes selon le travail, que ce mouvement perpétuel de bas en haut et de haut en bas selon l'intelligence, l'activité ou la bonne étoile de chacun, qui est le propre d'une société démocratique? Enfin un peuple qui vit dans cet état, et qui jouit de ce spectacle, voudrait par miracle y renoncer et s'imposer à lui-même une aristocratie qu'il ne saurait y parvenir. Le sentiment aristocratique consiste en ce point : que l'homme qui a une origine aristocratique se considère lui-même davantage à cause de cette origine et que ses concitoyens, ressentant la même impression

que lui, le considèrent aussi davantage et lui
accordent quelque chose de plus qu'au commun
des mortels. C'est parce que ce sentiment disparaît qu'une société aristocratique succombe, et,
une fois que ce sentiment a disparu, aucun effort
humain ne peut le reproduire; qu'est-ce donc,
lorsqu'il a fait place au sentiment contraire, lorsqu'une origine illustre est une cause d'embarras
pour celui qu'elle distingue et une cause de défiance ou d'hostilité de la part de la multitude?
Ce sentiment général est le dernier terme et
comme la perfection de l'esprit démocratique;
mais une société, en marche vers la démocratie,
n'a pas besoin d'être aussi avancée pour qu'il
lui soit déjà impossible de reculer.

CHAPITRE III

Il ne faut point s'irriter contre les choses, a dit je ne sais quel sage, car cela ne leur fait rien. Il serait inutile de s'affliger de voir les sociétés humaines incliner avec plus ou moins de vitesse vers l'état démocratique, car ce mouvement leur est aussi naturel qu'il l'est à l'homme, une fois entré dans la vie, de s'avancer vers l'âge adulte, vers la vieillesse et vers la mort. Mais une société qui devient démocratique approche tous les jours davantage d'un redoutable problème : elle aspire instinctivement à établir un gouvernement à son image, à se constituer en démocratie; elle éprouve, tant qu'elle n'a pas atteint ce genre de gouvernement, un certain malaise qui la rend de plus en plus incapable de supporter les gouvernements tempérés; et, lorsqu'elle touche enfin à ce gouvernement démocratique, qui semble le seul port dans lequel il lui soit possible de trouver le repos, elle découvre une mer nouvelle, plus agitée et plus périlleuse que tous les parages qu'elle a traversés.

Si le gouvernement démocratique n'était pas exposé, comme toutes les productions de la terre et toutes les productions de l'esprit humain, à la corruption et à la mort, s'il n'était même pas en butte à des infirmités particulières et à des périls qui semblent par leur grandeur proportionnés à sa beauté et à la séduction qu'il exerce sur le cœur de l'homme, nul doute qu'il ne fallût voir dans ce genre de gouvenement le dernier mot de la civilisation et le moyen le moins imparfait d'assurer la paix et le bonheur d'une société

politique. Quoi de plus équitable, une fois l'égalité introduite dans les mœurs et fortement établie
dans les esprits, que d'attribuer à chaque citoyen
une voix dans les affaires publiques, par cela seul
qu'il est homme, et une part dans leur direction
proportionnée à son seul mérite, sans aucun
égard à sa naissance ou à sa fortune? Nul homme
dans cet état n'est absolument privé de pouvoir,
et chacun exerce sa part d'influence sur la destinée commune, tandis que la plus grande
somme d'influence et de pouvoir s'accumule autour de ceux qui, ayant reçu le don de persuader, attirent librement à eux la confiance générale. La puissance publique venant de tous,
pouvant être incessamment reprise par tous, ob-
tenue de tous par quelques-uns, au moyen de
la seule persuasion, et concentrée ainsi, pour un
temps, dans la main des plus capables et des
meilleurs, quel spectacle! et quel état heureux
serait celui du monde si la démocratie pouvait
constamment l'offrir!

Mais un tel spectacle réjouit bien rarement

les yeux du sage, et, si la terre l'a vu parfois se
produire, il n'a jamais duré : *Optimi corruptio
pessima est.* Le gouvernement démocratique est
ordinairement prompt à se corrompre et à se
dissoudre ; l'anarchie est le signe de sa décompo-
sition rapide, et le despotisme sort presque aussitôt de ses débris comme une plante vigoureuse
et malsaine.

Le gouvernement démocratique succombe,
comme tous. les autres gouvernements qu'ont
imaginés les sociétés humaines, parce qu'il repose comme tous les autres sur un mélange de
vérité et de fiction, et que la fiction qu'il contient, éclatant tôt ou tard, entraîne sa ruine. Le
gouvernement monarchique, personnel ou absolu,
repose sur cette idée qu'une même famille
enfante à chaque génération un homme capable
d'exercer le souverain pouvoir avec sagesse, et
cela n'est pas vrai; le gouvernement aristocratique repose sur cette autre idée, que certaines
familles, une fois mises par les lois ou par les
mœurs au-dessus de la déchéance et du besoin,

produisent d'une manière régulière l'élite intellectuelle et politique de la nation, et cela n'est
pas vrai non plus ; enfin le gouvernement démocratique repose sur cette idée, que le plus grand
nombre des citoyens fait un usage raisonnable
de son vote, et voit toujours avec discernement
ce qui est conforme à la justice et avantageux à
l'intérêt commun, et cela n'est pas vrai davantage. Le gouvernement démocratique périt donc
comme les autres aussitôt que cette partie fragile
de son fondement s'écroule.

Deux mobiles, en effet, ou causes d'action
peuvent porter les hommes à se conduire avec
sagesse : l'amour du bien ou la vertu, et un certain degré de culture, ou, comme on dit généralement, des lumières. La vertu sans lumières ne
suffit point, même dans le cercle étroit des affaires
privées, pour éviter de graves erreurs et d'irré-
parables fautes. Des intentions pures, accompa-
gnées d'ignorance et d'aveuglement, ont souvent
causé plus de maux que les mauvaises passions,
contenues et dirigées dans le sens de l'intérêt

bien entendu, par un certain degré de lumières.
Mais c'est surtout dans le jugement des affaires
publiques que la vertu, dénuée de lumières, est
impuissante et peut devenir funeste. En supposant donc, ce qui est douteux, que l'amour du
bien ou la vertu anime toujours le plus grand
nombre des hommes; en supposant, ce qui est
plus douteux encore, qu'une vie indigente et
pénible n'éveille dans une âme simple aucune
pensée injuste, et laisse toujours subsister intact le désir de rendre à chacun ce qui lui est
dû, il n'en reste pas moins évident que le plus
grand nombre des citoyens, préoccupés, dès le
début de la vie, de la nécessité de subvenir
aux besoins du corps, est très-imparfaitement
éclairé, et, si la multitude ne manque pas certainement de vertu, elle manque certainement
de lumières.

Or, le gouvernement démocratique confie au
plus grand nombre, exceptionnellement, le soin
de décider par un vote direct certaines questions
fondamentales, et régulièrement le soin de choi-

sir à époques fixes des représentants investis de
la puissance publique. Qu'on se figure des actes
de cette importance accomplis sans discernement,
faute de lumières, et l'on verra aussitôt comment
un gouvernement démocratique succombe et
comment l'anarchie vient le dissoudre. Qu'on
suppose en effet deux citoyens, l'un sage et honnête, l'autre insensé ou pervers, venant briguer
concurremment le mandat populaire, et qu'on
suppose la foule appelée à se prononcer entre eux
avec une entière liberté (car je ne parle pas ici
de ces simulacres d'élection qui font nécessairement partie de l'appareil du despotisme démocratique, et dont il sera question dans le chapitre suivant); qu'on suppose ces deux citoyens
en présence, et l'on sentira aussitôt combien
leurs chances de succès sont inégales, et quel
avantage donne au moins recommandable d'entre
eux le défaut de lumières chez le plus grand
nombre de ceux qui sont chargés de les juger
pour choisir. Tandis que celui des deux qui parle
le langage de la conscience et de la raison, n'exa-

gère ni ses propres mérites ni la facilité pratique
du bien qu'il voudrait accomplir, tandis qu'il
n'affirme que ce qu'il sait et ne promet que ce
qu'il espère, l'autre, qui n'est retenu ni par la
raison ni par la conscience, prodigue avec em-
phase les plus magnifiques promesses, se fait fort
de satisfaire tous les vœux, flatte toutes les espérances, ne tient compte ni des leçons de l'expérience ni des lois de la nature, et invoque, pour
s'en faire un appui, toutes les illusions innocentes
ou coupables que l'ignorance et la passion peuvent enfanter chez des esprits simples. Il l'emporte donc, et, si plus tard, ayant déçu trop
grossièrement la confiance populaire, il perd son
crédit et son mandat, il fait place à quelque autre
fourbe ou à quelque autre fou, encore plus impu-
dent ou plus dangereux que lui.

Le gouvernement démocratique est alors sur
le chemin de l'anarchie, et le premier signe de sa
corruption, c'est le dégoût croissant qu'éprouvent
les honnêtes gens à se mêler des affaires publiques.
Renonçant, en effet, à lutter d'influence avec les

innombrables et ardents flatteurs de la multitude,
ils leur laissent presque entièrement le champ
libre et se retirent de plus en plus, les uns dans
la conduite de leurs affaires privées et dans le
soin d'augmenter leur fortune, les autres dans le
plaisir d'élever leurs enfants, d'autres encore
dans les douces retraites de la science et de la
philosophie. Mais ils ne tardent guère à sentir
qu'on ne peut impunément se dérober aux devoirs du citoyen et se rendre étranger aux destinées de sa patrie. En effet, le désordre qui règne
dans l'État devient bientôt intolérable et menace
de tout envahir; les affaires privées se ressentent
des épreuves publiques; la multitude abreuvée
de folles espérances et incessamment déçue s'agite
avec colère; ses flatteurs usent du reste de leur
crédit pour la tourner contre ceux qu'ils détestent
ou redoutent; la sécurité disparaît, et le pouvoir
est impuissant à la garantir, parce que, n'étant
ni aimé ni estimé, il est encore trop contenu par
les lois de la démocratie pour avoir les moyens
de se faire craindre. Tout chancelle alors, et la

puissance publique semble une proie offerte à
qui osera la prendre. L'heure du despotisme démocratique est venue.

CHAPITRE IV

DU DESPOTISME DÉMOCRATIQUE.

On ferait aisément un beau portrait du despotisme démocratique, de l'hypocrisie qui en est
inséparable, de ses ruses toujours semblables à
travers les siècles, de ses procédés pour s'établir
et se maintenir; procédés uniformes, puisqu'ils
dérivent moins du caractère des hommes que de
la nature des choses. Mais cette peinture nous
entraînerait trop loin de notre sujet, et elle n'est
pas nécessaire à l'objet que nous nous proposons
dans ce livre.

Le despotisme théocratique repose sur des
croyances superstitieuses, sur la crainte de la

divinité qui est censée l'avoir établi par sa volonté
et l'animer encore de son souffle; le despotisme
monarchique repose sur le respect presque religieux d'un peuple pour une famille plus illustre
que toutes les autres, si étroitement et si ancienne-
ment associée aux destinées de la patrie, qu'elle est
devenue, aux yeux de tous, le symbole de l'existence nationale. Quant au despotisme démocratique, il repose sur un fondement moins élevé,
mais solide encore : il s'appuie simplement sur
la nécessité vraie ou supposée de son existence
pour assurer le maintien de l'ordre public et le
salut de la société.

L'obéissance est, en effet, le lien des sociétés
humaines, et, quand ce lien se relâche, elles
semblent sur le point de se dissoudre. Si cette
obéissance est renfermée dans des limites raisonnables et réglée par des lois sages, l'État est
libre autant que prospère, et la sûreté commune
est garantie sans qu'il en coûte rien à la dignité
humaine. Si la limite de l'obéissance raisonnable
est franchie, cette obéissance prend le nom de

servitude; l'ordre qu'elle maintient n'est qu'apparent, et, en même temps qu'elle ne protége plus qu'imparfaitement la sûreté des citoyens, elle humilie ceux qu'elle protége. Or, la limite qui sépare, selon chaque temps et chaque pays, l'obéissance raisonnable de l'obéissance servile est facile à reconnaître et les hommes éclairés ne s'y trompent guère. Mais, s'ils ont vu, par la corruption trop prompte du gouvernement démocratique, l'ordre se relâcher et la société menacée de se dissoudre, s'ils ont éprouvé plusieurs fois ou récemment la difficulté de concilier l'ordre et la liberté dans une société démocratique, ils désespèrent de distinguer et de séparer l'obéissance nécessaire qu'ils accorderaient volontiers aux lois de l'obéissance déréglée qu'on leur impose; ou bien encore, sans désespérer tout à fait de la possibilité d'accomplir cette noble et pénible tâche, ils n'ont plus la force ni le cœur de l'entreprendre, et, croyant avoir assez payé à la patrie leur dette d'efforts et de souffrances, ils lèguent ce soin à des générations plus heureuses. Ils se résignent

donc à leur situation présente, et c'est dans cette
résignation des gens éclairés et dans le découragement d'un grand nombre de bons citoyens que
le despotisme démocratique trouve tout d'abord
sa principale sécurité. C'est, à vrai dire, la base
sur laquelle il repose. Cependant, pour durer et
pour prospérer, il lui faut quelque chose de plus,
il a besoin de l'assentiment de la multitude. Cet
assentiment peut s'obtenir sans beaucoup de
peine. Lors même que la multitude aurait un certain attachement pour les libertés politiques, elle
n'aurait pas lieu de se plaindre du despotisme
démocratique, qui est dans l'usage de conserver
avec soin les formes extérieures des plus importantes de ces libertés, comme Auguste avait conservé à Rome des simulacres d'élection et des
ombres de magistratures. Or, distinguer entre la
forme et le fond des institutions politiques exige
un certain degré de lumière, et, tout en sentant
qu'il y a quelque chose de changé dans la somme
des libertés publiques, la multitude, qui a les
mêmes apparences sous les yeux, ne peut jamais

comprendre combien ce changement est considérable. De plus. elle n'est point avide de libertés politiques. mais de bien-être ; et si elle paraît parfois attacher une certaine importance aux droits politiques. c'est seulement lorsqu'on lui a persuadé que ces droits pouvaient lui servir à conquérir le bien-être. Mais le despotisme démocratique se déclare toujours particulièrement et exclusivement chargé du bien-être de la multitude ; bien plus, il s'efforce d'attirer à lui, comme vers leur centre naturel et vers leur seul point d'appui, les vagues espérances et les illusions infinies qui couvent toujours dans l'imagination populaire, soit que ces espérances se tournent vers les conquêtes et vers la gloire militaire, soit qu'elles tendent vers une répartition plus égale de la richesse et vers une rénovation de la société. Ainsi chargé d'une sorte de mandat illimité, quant au temps et quant aux moyens, pour assurer le bonheur général, investi par les lois d'un pouvoir immense sur les hommes et par l'imagination populaire d'un pouvoir infini sur les choses, le despotisme démocratique s'avance avec une force irrésistible et une pompe insolente, jusqu'au jour inévitable où, étourdi par sa prospérité même et saisi d'une sorte d'ivresse, il se heurte à quelque misérable obstacle et s'écroule au milieu d'une anarchie pire que celle qui lui a servi de berceau.

CHAPITRE V

Tout est imparfait et incomplet en ce monde,
même le mal ; et, de même qu'une société ne peut
guère arriver aux dernières extrémités de l'anarchie, elle ne peut guère toucher le dernier degré
concevable de la servitude. Il reste toujours dans
une nombreuse réunion d'hommes une certaine
quantité de liberté que ne supprime pas le despotisme, soit que cette suppression lui semble
impossible, soit qu'il croie de son intérêt de ne
la point tenter, et de s'imposer plutôt à lui-
même de certaines bornes.

Ce *minimum* de liberté, laissé à une société

courbée sous le despotisme, varie selon les temps
et les lieux, et quelquefois il est assez considérable pour faire illusion sur l'état réel de sujé-
tion dans lequel on est tombé. A Rome, le despotisme démocratique des Césars ne respectait
rien, et son pouvoir avait d'autant moins de limites, que les républiques antiques, peu accou-
tumées à distinguer la liberté civile de la liberté
politique, avaient l'usage de laisser le citoyen
désarmé en face de l'État; il est vrai que par
l'État on entendait tout le monde, ce qui rendait
cette situation tolérable; mais cette impuissance
individuelle du citoyen devint affreuse aussitôt
que l'État, représenté par un seul homme, eut
toutes les passions, tous les caprices, toutes les
folies d'un homme. On vit alors un spectacle que
le monde moderne est aussi incapable d'imaginer
avec exactitude qu'il est heureusement incapable
de le reproduire.

Les nations modernes sont, en effet, accoutu-
mées à une certaine liberté civile que le despotisme démocratique lui-même est disposé à

laisser debout dans l'intérêt de sa sûreté. On peut donc voir sous ce régime un peuple collectivement privé de son droit national, tandis que chaque citoyen reste en possession de son droit personnel. La nation, par exemple, considérée dans son ensemble, ne sera maîtresse ni de faire la guerre, ni de faire la paix, ni de régler sa dépense, ni de conduire sa politique extérieure ou intérieure; ou, ce qui revient au même, elle n'aura plus qu'une voix consultative sur ces grands intérêts par l'organe d'une représentation illusoire investie de droits dérisoires; mais, en même temps, au-dessous de cette universelle servitude, chaque citoyen aura gardé le droit d'aller et de venir, de vendre ou d'acheter, l'entière disposition de sa personne, de sa famille, de ses biens, en un mot, une indépendance civile assez large pour qu'il puisse s'estimer libre, si l'idée de la patrie n'est jamais entrée dans son intelligence ou si elle est sortie de son cœur.

Si pourtant l'indépendance civile peut rester

ou paraître complète sous le despotisme démocratique, tel qu'il peut exister dans les temps
modernes, cette indépendance n'est rien moins
qu'assurée, surtout dans toutes les parties où elle
avoisine la liberté politique, et aucun rempart
solide ne la garantit des incursions du pouvoir.
Il suffit que ce pouvoir ait le moindre intérêt ou
s'imagine avoir le moindre intérêt à la restreindre pour qu'elle soit aussitôt menacée; et
alors, ceux qui se voient exposés à être bannis
par un signe de tête, ou envoyés d'un mot dans
des régions meurtrières, comprennent trop tard
que l'indépendance civile, si elle n'est pas sous
la protection de la liberté politique, n'est qu'un
toit de roseau, incapable de les abriter contre la
tempête.

On croirait au premier abord que l'égalité, sur
laquelle le despotisme démocratique semble en
partie fondé, et qu'il prend volontiers pour drapeau, n'a du moins rien à redouter de ses atteintes; n'est-elle pas l'idole à laquelle on a sacrifié tout le reste? Mais cette confiance est bientôt

déçue, et le despotisme démocratique est inévitablement réduit à intenter contre l'égalité une
sourde guerre. Tout despotisme, en effet, même
celui qui affecte de sortir du sein de la multitude
et de ne subsister qu'avec son aveu, est obligé de
s'appuyer sur un certain nombre d'hommes particulièrement dévoués, auxquels il doit lui-même
en retour une protection et une faveur particulières. Ce premier principe de l'égalité dans les
sociétés démocratiques : que le mérite est le seul
titre valable pour tous les emplois, est donc remplacé par cet autre principe : que le dévouement
personnel et absolu au prince est la règle de l'ad-
mission et de l'avancement dans les fonctions publiques. De plus, si quelqu'un de ces hommes.
dont le dévouement à l'ordre de choses établi
est notoire et paraît nécessaire, commet une
faute et enfreint la loi commune, on ne peut
guère hésiter à étendre sur lui l'égide de la
puissance souveraine, et à le soustraire aux conséquences et même à la publicité de sa faute ; si
bien que ce principe, le plus cher de tous aux

sociétés démocratiques : que tous les citoyens
sont égaux devant la loi et également responsables devant elle, est implicitement aboli et
remplacé par cet autre principe : que les lois
sont facultatives quant à leur application, et
qu'elles obligent ou menacent inégalement les
citoyens, selon qu'ils sont réputés amis ou ennemis du pouvoir.

Enfin une dernière contradiction, non moins
funeste à l'égalité, paraît inséparable du despotisme démocratique. Nul homme éclairé n'ignore
que ce genre de gouvernement est viager de sa
nature, qu'il ne se transmet que d'une façon
irrégulière au milieu des orages, et qu'il n'est
point d'exemple qu'on l'ait vu devenir héréditaire; néanmoins, c'est une illusion constante
chez ceux qui s'en trouvent investis, que de croire
cette hérédité possible, et c'est leur habitude que
de faire tous leurs efforts pour l'établir. Ils s'appliquent donc à entourer d'appuis fidèles ces
trônes éphémères, et à y rattacher par toutes
sortes d'avantages les hommes qui paraissent le

plus capables de les soutenir. Or, il n'y a que
des moyens connus et peu nombreux d'agir sur
le cœur de l'homme, que l'égoïsme conduit, et
lorsqu'on a comblé les vœux de l'avarice, il ne
reste plus guère qu'à chatouiller la vanité. L'ano-
blissement et les titres héréditaires ont de tout
temps rempli cet office, et le despotisme démocratique se trouve ainsi insensiblement poussé à
faire à l'égalité cette dernière, mais impuissante
injure. Il en vient donc un jour à s'entourer
d'un fantôme de noblesse, soit qu'il crée des noms
nouveaux, soit que, parfois, il ne craigne pas
d'orner de quelque grand nom, dérobé à l'histoire, les moins considérés de ses serviteurs.

Voilà ce que deviennent nécessairement la
liberté et l'égalité sous le despotisme démocratique.

CHAPITRE VI

Sil est vrai que toutes les sociétés tendent vers l'état démocratique, et qu'une fois dans cet état elles aspirent à se constituer en *démocratie*, c'est-à-dire à fonder dans leur sein un gouvernement démocratique qui soit capable de leur assurer l'ordre et la liberté; s'il est vrai que l'établissement et le maintien de ce genre de gouvernement soit une œuvre très-difficile, et que ce gouvernement paraisse fatalement enclin à glisser d'abord vers le fléau de l'anarchie, puis, aussitôt après, vers la honte et le fléau du despotisme, de quelle importance ne serait-il pas de rechercher et d'indiquer les moyens les plus propres à nous épargner de tels périls, c'est-à-dire à faire durer et prospérer en France un gouvernement démocratique? C'est ce que nous allons essayer de faire dans la deuxième partie de cet ouvrage.

LIVRE II

Des institutions et des principes de gouvernement
qui conviennent à la démocratie française.

CHAPITRE PREMIER

DU DROIT DE SUFFRAGE.

La tendance d'une société démocratique est d'accorder tôt ou tard le droit de suffrage à tous les citoyens qui la composent ; mais cette extension inévitable du droit de suffrage peut se produire avec une sage lenteur et suivre le progrès des lumières, ou bien elle peut être soudaine et précipitée dans sa marche par le choc des révolutions. Dans le second cas, elle devient promptement une cause de trouble et peut altérer gravement, pour un temps plus ou moins long, la santé du corps politique. Cette seconde hypothèse est celle qui doit nous intéresser davantage,

4

et nous l'adopterons en traitant rapidement du droit de suffrage.

En supposant donc le suffrage universel établi au sein d'une population qui n'a pas encore atteint un degré suffisant d'indépendance et de lumières, il faut nous demander quels sont les inconvénients attachés à cette institution, comment on peut les atténuer, et si ces inconvénients ne sont pas balancés par certains avantages.

On ne peut concevoir ce vaste corps électoral que dans deux états : ou il obéit à la direction du pouvoir exécutif, ou il est livré à lui-même. Dans le premier cas, la chose publique pourra souffrir de son défaut d'indépendance ; dans le second cas, elle pourra être mise en péril par son défaut de lumières. Dans le premier cas, le pouvoir, disposant du vote populaire, devient à lui-même son propre juge, ce qui équivaut à dire qu'il fait ce qu'il veut, tout en paraissant se soumettre à la volonté nationale, et tous les inconvénients du gouvernement absolu subsistent sous

cette trompeuse apparence; dans le second cas.
il paraît difficile qu'une nation, dont la conduite
est souverainement déterminée par le vœu d'une
majorité privée de lumières suffisantes, ne com-
mette point de grandes fautes et ne subisse point
de cruels malheurs.

Ces inconvénients trop visibles du suffrage universel, prématurément accordé ou conquis, ne
sont point sans compensations. La première de
toutes. c'est qu'alors même que le corps électoral
se laisse conduire trop docilement par le pouvoir,
il acquiert le sentiment de sa force. apprécie de
plus en plus l'importance de son suffrage en
voyant les peines qu'on prend pour le lui arracher, et en vient à comprendre que les révolutions matérielles sont aussi inutiles que funestes,
puisque la volonté populaire peut l'emporter légalement sur tous les obstacles.

Le suffrage universel a encore cet avantage
qu'on ne peut rien inventer ni proposer au delà
pour séduire l'imagination populaire, et que les
agitateurs ne peuvent revendiquer aucun moyen

plus radical de connaître et de satisfaire la volonté du plus grand nombre. Le suffrage universel est donc, à ce point de vue, un secours pour
l'ordre matériel et la paix publique, avantage
considérable chez les nations fatiguées par les
révolutions et avides de repos.

La seconde compensation d'un tel état de
choses, c'est que le sentiment de la responsabilité se forme et s'établit dans les classes populaires, tandis qu'il se fortifie et devient plus
éveillé dans les régions du pouvoir. Il est impossible qu'après un certain temps d'épreuve la
multitude ne découvre point qu'il existe, entre sa
façon de voter et la façon dont les affaires publiques sont conduites, un lien nécessaire, et
qu'elle est responsable des conséquences fatales
qu'a pu entraîner son défaut de discernement ou
son défaut d'indépendance. De son côté, le pouvoir se sent en face d'un juge sans appel qui ne
s'aperçoit, il est vrai, qu'avec une extrême lenteur des fautes commises à son préjudice, puisqu'il ne les comprend guère que par leurs

conséquences, mais qui est en état de les châtier
sévèrement et qui agit, lorsqu'il est ému, avec
l'irrésistible ascendant d'une force de la nature.
Le sentiment de cette double responsabilité peut
devenir, avec le temps, un frein salutaire pour
le peuple entier aussi bien que pour ceux qu'il
investit de l'autorité; mais, en attendant ce fruit
tardif de l'expérience, il faut considérer les
moyens d'atténuer les deux inconvénients les
plus graves entre lesquels oscille le suffrage universel : le défaut d'indépendance et le défaut de
lumières.

Parlons d'abord brièvement du défaut de lumières et des mesures qu'il exige.

On ne peut raisonnablement concevoir le suffrage universel sans l'existence d'une presse politique vraiment libre, sous la seule sanction du
jugement par jurés, pour les cas d'appel au désordre matériel, d'outrage aux mœurs ou de diffamation. Il faut que cette presse soit assez peu
coûteuse pour pénétrer profondément dans les
masses populaires, assez nombreuse pour repré-

senter les nuances diverses de l'opinion et pour
se faire ainsi équilibre à elle-même. L'exercice
du droit de réunion n'est pas moins indispensable au suffrage universel, soit pendant la période électorale, pour juger entre les candidats
et créer une entente entre les électeurs, soit en
tout temps pour faire pénétrer dans le corps électoral l'intelligence des intérêts publics et l'habitude des discussions raisonnables. Et, comme
on peut évidemment commettre par la parole
les mêmes excès que par la presse contre la
chose publique ou contre les citoyens, la même
répression pénale, prononcée de même par un
jury, doit atteindre ceux de ces excès que la
conscience publique, seul juge compétent et
souverain en pareille matière, déclarerait intolérables.

Enfin, il n'est pas moins indispensable que
l'électeur ne puisse pas devenir par son excessive
ignorance le jouet du pouvoir ou des partis, et
qu'il soit au moins assez éclairé pour discerner
sans secours étranger le nom de son élu et le sens

de son vote. Le vote par bulletin autographe,
écrit sur la table même du scrutin, selon l'ancien usage, avec les précautions efficaces em-
ployées jadis pour assurer le secret de ce vote,
est le seul procédé digne d'un peuple libre, et
l'on s'étonnera plus tard d'avoir pu comprendre
et tolérer une autre façon de voter. En ajoutant
à ces conditions une instruction primaire acces-
sible à tous et favorisée par tous les moyens légitimes, on a le résumé complet des remèdes, ou,
si l'on veut, des palliatifs qu'une société démocratique peut appliquer à ce premier et principal
des inconvénients du suffrage universel : le défaut
de lumières.

Le défaut d'indépendance auquel nous arri-
vons maintenant n'est, en effet, qu'une conséquence du défaut de lumières; et l'exemple du
vote des grandes villes, toujours plus indépen-
dantes par cela seul qu'elles sont plus éclairées,
prouve suffisamment que la suppression de l'un
de ces inconvénients amènerait la disparition de
l'autre. Considérons pourtant en lui-même le

défaut d'indépendance dans le suffrage universel,
et voyons comment on peut, dans une certaine
mesure, l'en délivrer ou l'en garantir.

Le désir et la crainte sont les deux modes d'action des choses extérieures sur notre âme, les
deux causes qui portent le plus directement atteinte à notre liberté morale. Il s'ensuit que, de
tout temps, les lois qui ont eu pour but d'assurer
à l'électeur la liberté de son choix ont cherché à
le prémunir contre les entraînements de la cupidité et à le préserver des effets de la peur. Elles
ont donc toujours proscrit les *dons* et les *violences,*
les *menaces* et les *promesses.*

Mais, dans la pratique, cette protection de la
loi est très-incomplète et l'indépendance du suffrage universel mal assurée, si l'on ne comprend
expressément sous le mot *menaces* l'intimidation
exercée sur les fonctionnaires publics par la perspective d'une destitution en raison de leur conduite électorale, et si l'on ne comprend expressément sous le mot *promesses* l'achat collectif des
suffrages par l'appât offert à une commune d'un

secours, d'une subvention, d'un travail exécuté aux frais de l'État. Il n'y a plus d'indépendance dans le suffrage universel si le vote des fonctionnaires n'est pas dégagé de toute crainte, et si le vote des communes n'est pas libre de toute cupidité.

L'indépendance du suffrage universel est attaquée moins directement, mais aussi efficacement si le pouvoir exécutif peut organiser et remanier à son gré les agglomérations d'électeurs, de manière à créer dans chaque collége, par l'opposition calculée des intérêts ou des opinions, un certain équilibre que le plus faible effort de l'autorité peut alors faire pencher en sa faveur. Le respect des agglomérations indiquées par les limites naturelles et par les relations habituelles des petites communes avec leur centre légal, est infiniment préférable au maintien rigoureux d'une proportion mathématique entre le nombre des électeurs et le nombre des élus. L'instabilité des circonscriptions électorales détruit leur esprit politique, et le droit de les

remanier, accordé au pouvoir exécutif, menace
perpétuellement leur indépendance. Si de pareils
remaniements sont nécessaires, le pouvoir législatif doit seul être investi du droit de les opérer.

Un gouvernement qui s'adresse au suffrage
universel pour la formation de l'Assemblée législative doit-il choisir ses candidats et les soutenir
de son aveu devant les électeurs? La solution de
cette question délicat e est différente selon les
relations constitutionnelles qui existent entre le
pouvoir exécutif et l'Assemblée législative. Si
le pouvoir exécutif est exercé par un cabinet
homogène et responsable, dépendant de la majorité de cette Assemblée, on ne peut lui refuser
le droit d'avouer et de déclarer ses candidats,
puisque le pays doit prononcer entre le parti qui
est au pouvoir et le parti qui veut y monter; et un
parti au pouvoir ne doit perdre aucun de ses droits
ni de ses moyens légaux de se défendre et de se
soutenir. La puissance exécutive devant sortir du
sein même de l'Assemblée sous le nom de ministère, les électeurs doivent être avertis qu'en vo-

tant pour tel ou tel candidat, ils votent pour telle
ou telle politique, et par conséquent pour tel ou
tel ministère.

Il en est tout autrement si le pouvoir exécutif,
constitué en dehors de l'Assemblée élective et ne
tenant pas d'elle son existence, ne considère cette
Assemblée que comme un instrument de contrôle, comme une réunion de censeurs, auquel
il doit, de temps à autre, soumettre sa conduite.
Dans cette hypothèse qui sert de base à notre
Constitution actuelle, la désignation du candidat
par le pouvoir exécutif n'a plus de raison d'être,
puisqu'il ne s'agit plus de remplacer ce pouvoir,
mais seulement de le surveiller et de le juger, et
le pouvoir devient justement suspect s'il revendique le droit de désigner lui-même ceux par qui
il lui plaît d'être contrôlé. Qu'est-ce donc si, les
ayant choisis, il emploie pour les soutenir dans l'a-
rène électorale la force matérielle dont il dispose?

En un mot, la désignation de ses candidats
par un parti au pouvoir est naturelle quand la
chambre à élire est un organe de gouvernement,

et l'appui que ces candidats reçoivent de leurs
amis au pouvoir est légitime quand cet appui,
exclusivement moral, est le même que si le parti
auquel ces candidats appartiennent n'était pas au
pouvoir, c'est-à-dire n'emprunte aucune force à
la pression administrative. Au contraire, la désignation des candidats par le pouvoir est une anomalie quand l'Assemblée élective ne doit être
qu'un instrument de contrôle; et cette anomalie
devient une oppression quand cette désignation
est accompagnée ou suivie de l'appui matériel
que peut donner la faveur active du pouvoir.

Que faut-il penser maintenant de cette forme
particulière de vote, employée parfois sous le
régime du suffrage universel pour trancher souverainement certaines questions capitales ou liti-
gieuses, et connue sous le nom de *plébiscite?* La
pure logique ne peut condamner de telles opérations ni contester l'autorité légale des résultats
qui en découlent; mais elles ne peuvent être
approuvées ni recommandées d'une manière générale au nom du bon sens.

Il y aurait d'abord une difficulté considérable
à établir une distinction fondée entre les actes
qui doivent être décidés par des *plébiscites* et
ceux qui doivent relever seulement du vote de la
représentation nationale. Une grande guerre à
entreprendre, une dette importante à contracter,
ont pour le pays autant d'intérêt et engagent autant l'avenir qu'une réforme constitutionnelle ;
la question romaine, par exemple, touche aujour-
d'hui d'assez près la conscience nationale et met
aux prises des intérêts assez considérables pour
paraître digne du verdict le plus solennel qu'un
peuple puisse prononcer ; et pourtant, que d'inconvénients offrirait cette façon de procéder? La
vérité est que l'élection de l'Assemblée représen-
tative est, chez les peuples libres, une sorte de
plébiscite revenant à des intervalles réguliers, et
que, grâce à l'emploi du droit de dissolution, on
peut faire de cet appel au pays, sur une question
donnée, un véritable *plébiscite,* dégagé des inconvénients ordinairement inséparables de l'opération que ce mot représente. Le peuple assemblé

est, en effet, moins capable de décider sur des
questions que sur des personnes, et c'est en lui
soumettant les questions représentées ou figurées
par des personnes qu'on le consulte de la façon
qui lui convient le mieux, et qu'on lui facilite le
plus la tâche de répondre. En Angleterre, une
chambre des communes élue sur une question
donnée, sur un *cry*, selon l'expression en usage,
ne fait autre chose, lorsqu'elle se réunit, que de
rendre sur la question ainsi posée le verdict national. Il en est de même en Amérique, après la
défaite ou la victoire électorale de la *platform*, qui
a servi de drapeau à l'une des deux opinions en
présence. Ce sont là les *plébiscites* naturels qu'un
corps électoral est vraiment capable de prononcer,
avec une intelligence et une liberté qui peuvent
faire défaut, si l'on met le peuple en demeure
de voter directement sur la question en litige.

Nous avons reconnu qu'on doit corriger les
défauts du suffrage universel en cherchant à
augmenter parmi les électeurs les deux garanties
principales d'un vote raisonnable : les lumières

et l'indépendance. Mais ce moyen est lent et incertain, et l'on a dû songer à des procédés plus
rapides et plus sûrs pour essayer de tirer du
suffrage universel tel qu'il est une bonne représentation nationale.

Un des inconvénients les plus considérables
du suffrage universel, même lorsqu'il jouit de sa
liberté et possède un certain degré de lumière,
c'est de tendre à l'oppression des minorités et
d'exclure, par là même, de la chambre élective les
hommes souvent éminents qui les représentent ;
c'est encore d'amener dans un temps donné, par
l'inévitable disproportion des suffrages, la suprématie presque absolue de la classe la plus
nombreuse et la moins éclairée de la nation sur
le corps politique. Pour arrêter le suffrage universel sur cette pente sans porter atteinte au
principe de son institution, bien des moyens ont
été imaginés, surtout en Angleterre. Nous allons
les examiner rapidement au point de vue de leur
application possible dans notre pays.

Pour éviter d'abord qu'une majorité aveugle

et surtout intolérante pût fermer l'accès de la
chambre à des hommes dont l'exclusion est
une honte en même temps qu'un dommage pour
la nation, on a proposé qu'un petit nombre
de siéges dans la représentation nationale, fût
réservé à des députés que le corps électoral
tout.entier serait appelé à élire; de telle sorte
que l'illustration du nom et des talents pût réunir sur certains hommes les suffrages de la classe
éclairée, répandue sur tout le territoire. Il y aurait
certainement avantage à déconcerter ainsi, par
cette vaste collection de suffrages intelligents,
l'ostracisme dont les hommes illustres pourraient
être frappés dans l'enceinte d'une circonscription électorale par l'ignorance ou par la passion
de la majorité populaire. Mais il y aurait un
grave inconvénient à créer dans le sein de la
représentation nationale deux catégories de députés, et à donner de la sorte à un petit nombre
d'entre eux le privilége écrasant d'un mandat
spécial, conféré par la nation tout entière. Quant
à l'idée qui s'est quelquefois produite d'appli-

quer ce mode de nomination à tous les députés, et de faire élire la chambre par le moyen d'une liste unique et complète, dans un scrutin commun à tous les électeurs, il est trop clair qu'un tel procédé, en le supposant praticable, créerait l'oppression la plus absolue et la plus irrémédiable de la minorité par la majorité, puisqu'un parti qui disposerait de la moitié plus un des électeurs, imposerait intégralement sa liste à la nation, sans que la minorité pût désormais trouver, dans cet unique et commun collége, aucun refuge.

Ce n'est pas seulement contre l'exclusion des représentants éminents de la minorité par le suffrage universel qu'on a cherché un remède; on s'est préoccupé encore du danger non moins grave de voir la partie éclairée de la nation vaincue dans le scrutin et annulée dans le système politique par les suffrages habilement concertés de la classe la plus nombreuse et la plus pauvre. Tout en reconnaissant qu'il est juste que chaque citoyen ait un suffrage, chaque citoyen ayant un intérêt quelconque à la chose publique, on

s'est demandé s'il est aussi juste que ces suffrages, soient égaux malgré l'évidente diversité
des lumières et des fortunes, et s'il ne serait pas
plus équitable, aussi bien que meilleur pour la
conduite des affaires, de donner au suffrage de
chaque citoyen un poids exactement propor-
tionné à sa situation personnelle.   . .

De là un grand nombre de systèmes pour organiser le suffrage gradué ou la pluralité des
suffrages. Quelques réformateurs, voyant dans la
fortune acquise par chacun, ou du moins dans le
revenu annuel de chacun, la mesure la moins
trompeuse de l'importance sociale du citoyen et
de son intérêt proportionnel à la bonne gestion
des affaires publiques, ont proposé de prendre la
taxe de revenu, telle qu'elle existe par exemple
en Angleterre, pour base exacte du droit de
suffrage, et cette première conception les a conduits à l'idée d'un mécanisme d'une simplicité et
d'une régularité singulières. Supposons la taxe
du revenu étendu à tous, du plus riche au plus
pauvre, chaque citoyen apporterait dès lors au

scrutin, en guise de bulletin de vote, le reçu du
percepteur constatant le chiffre de sa taxe; ce ne
serait plus un suffrage, mais *ce chiffre même* qui
serait inscrit au compte du candidat pour lequel
se prononcerait l'électeur. Chaque candidat aurait
ainsi sa colonne particulière, dans laquelle viendrait s'inscrire successivement le chiffre de la taxe
du revenu, payée par chacun de ses électeurs.
L'élection terminée, on ferait le total de chaque
colonne, et une simple comparaison entre les
chiffres de ces additions diverses suffirait pour
manifester le résultat du vote et pour établir le
droit de l'élu. Il est certainement impossible
d'arriver à un moyen plus sûr et plus précis de
former une assemblée sur la base de la représentation exacte des intérêts.

Mais de la sorte les intérêts matériels seraient
seuls représentés, et, bien que la possession ou
l'acquisition d'un fort revenu soit en général le
signe d'une certaine culture intellectuelle, cette
façon de graduer les suffrages a semblé trop
étroite à d'autres réformateurs. Il a paru plus

équitable de fonder ce suffrage proportionnel sur
d'autres différences que celle des fortunes, et
l'on a tenté alors de former un tableau des
divers titres qui peuvent servir à l'attribution
proportionnelle des suffrages. Ce tableau comprendrait d'abord les éléments du vote simple
tels que le droit de cité, l'âge viril; viendraient
ensuite les titres qui peuvent donner droit à des
suffrages supplémentaires, attribués à la même
personne, tels que : dix ans, vingt ans et trente
ans d'exercice des droits électoraux, ou le fait
d'avoir été membre du Parlement, la possession
d'une certaine fortune prouvée par le reçu de la
taxe du revenu, les grades universitaires, l'exercice d'une profession savante. Ce système est
moins exclusif que le premier, et fonde la pluralité des votes sur une plus large base, mais il est
plus compliqué, et d'ailleurs nous ne mention-
nons l'un et l'autre système que pour ne pas laisser le lecteur étranger à ces combinaisons ingé-
nieuses, car tout système établissant un suffrage
gradué ou proportionnel est repoussé d'avance

par notre pays, où l'esprit d'égalité ne peut tolérer que, pour aucune raison, le suffrage d'un
citoyen pèse désormais plus que le suffrage
d'un autre.

Mais la même objection ne peut être élevée
contre le *suffrage accumulé*, dont le principe
vient de triompher en Angleterre, et qui satisfait à la fois la raison, la justice et l'intérêt
public. Le but du suffrage accumule est de
garantir une représentation proportionnelle aux
minorités, sans empêcher, d'une part, la majorité d'être légalement maîtresse des affaires du
pays, et sans créer, d'autre part, aucun privilége
électoral en faveur des lumières ou de la fortune.
Ainsi, maintien de l'ascendant légitime des majorités, respect absolu de l'égalité des suffrages et,
en même temps, moyen assuré de donner aux
minorités une représentation parlementaire équitable : tels sont les avantages du système qui,
sous le nom de *vote accumulé*, va être inau-
guré en Angleterre, et dont nous allons brièvre-
ment exposer l'économie.

Qu'on veuille bien d'abord ouvrir les yeux sur une injustice que l'habitude nous a rendue familière, mais qui n'en est pas moins un des traits les plus fâcheux du système représentatif généralement en usage. Soit qu'un collége électoral élise un seul député, soit qu'il élise plusieurs députés ensemble au scrutin de liste, il suffit qu'un des partis possède la moitié plus un des suffrages pour réduire à néant les votes de l'autre moitié, et priver ainsi cette autre moitié de toute représentation dans le Parlement national. Il est rare que le partage des voix soit aussi égal, mais combien de fois n'arrive-t-il pas qu'une minorité considérable voit ses suffrages aussi complétement anéantis par l'issue du scrutin que si elle n'avait pas voté. On fait remarquer cependant que l'opinion de cette minorité n'en est pas moins représentée dans le Parlement, parce que dans un autre collége, elle a pu remporter la victoire ? Que veut dire cette réponse, si ce n'est que l'injustice dans le résultat d'un scrutin doit être compensée ailleurs par une autre injustice ?

Et qu'est-ce qui se charge de cette compensation ?
C'est l'affaire du hasard, qui aura changé la minorité en majorité sur quelque point particulier
du territoire. Aussi cette compensation est-elle
des plus irrégulières et des plus insuffisantes, et
il peut arriver souvent qu'une opinion ait dix représentants dans la chambre élective, tandis que
le nombre réuni des minorités vaincues sous son
drapeau dans tous les autres colléges lui donnerait
proportionnellement droit à soixante ou quatre-
vingts députés. Le Parlement, dans ce système,
représente donc surabondamment l'opinion dominante, quelle qu'elle soit, tandis que le suffrage
d'un nombre considérable de citoyens n'a aucune
action légale sur la chose publique et est absolu-
lument comme s'il n'était pas. Un Parlement
ainsi constitué, n'est donc pas le *miroir de la
nation,* ce qui est l'idéal du système représentatif,
et le système électoral dont il sort est entaché
d'une perpétuelle injustice, irrégulièrement tem-
pérée par le hasard.

Quel serait cependant le moyen d'arriver à

une représentation plus exacte du corps électoral
sans affaiblir la représentation légitime et nécessaire des majorités, et sans toucher en aucune
manière à l'égalité des suffrages? Ce moyen, c'est le
système du *vote accumulé* qui peut le mieux nous
le fournir. Supposez qu'un collége ait trois députés
à élire au scrutin de liste, chaque électeur dispose
de trois suffrages, puisqu'il peut inscrire trois
noms sur son bulletin de vote. Dans le système
actuel, l'électeur doit écrire trois noms différents,
de telle sorte qu'il suffit au parti qui a la majorité
de s'être entendu sur ces trois noms pour enlever
à la minorité du collége électoral, si nombreuse
qu'elle puisse être, toute chance d'être représentée dans le Parlement. Supposez maintenant
qu'il soit permis à l'électeur d'inscrire à son gré
sur son bulletin de vote ou trois noms différents,
ou trois fois le même nom, et que chaque nom
inscrit soit compté pour un suffrage. Il en résulte
aussitôt que, si le tiers des électeurs s'entend pour
que chacun donne ses trois suffrages au même
candidat, cette minorité d'un tiers est assurée

d'emporter une des trois élections en litige, ce
qui équivaut à dire qu'il est au pouvoir du *tiers*
des électeurs d'obtenir le *tiers* de la représentation attribuée au collége électoral ; tandis que,
dans le système actuel, la moitié moins un des
électeurs ne possède ni le droit, ni le moyen
d'être représentée et perd ses suffrages aussi
sûrement que si on les jetait dans la rivière.

Le système du *vote accumulé* se rapproche donc
plus qu'aucun autre de l'exacte justice, et satisfait
pleinement la conscience ; mais, si grand que soit
cet avantage, il en a d'autres qui le recommandent
non moins vivement au législateur. Il laisse intact le droit des majorités électorales à dominer
le Parlement et à décider de la direction des
affaires, puisqu'en tout collége deux députés sur
trois sont assurés à la majorité des électeurs.
L'énergie du Parlement n'en est donc nullement
affaibli, et il continue de représenter la volonté de
la nation, tout en reflétant avec plus de fidélité
l'état de son intelligence. En même temps, ce
système offre aux minorités un refuge inviolable

contre ces courants irrésistibles d'opinion auxquels est sujet le suffrage universel. On ne voit
plus, avec ce mode d'élection, ces minorités dé-
couragées, irritées et livrées aux amères réflexions
qu'inspirent l'impuissance absolue et le sentiment
confus d'une grande injustice. Tout au contraire,
la minorité, réveillée par l'espérance, prend une
part régulière à la vie publique, et, alors même
qu'elle ne peut prétendre au pouvoir, elle jouit
du moins de la tribune; elle est sûre d'y envoyer
ses représentants les plus considérables, et,
quand viendra le jour de son avénement aux
affaires, elle n'y arrivera pas aigrie dans le silence
et envenimée par l'oppression, mais animée plutôt
de l'esprit bienveillant et modéré que développent
des lois équitables. Enfin on ne courrait plus le
risque de voir dans la formation de nos assemblées ces exclusions si regrettables qui ne leur
enlèvent pas seulement de vives lumières, mais
qui touchent trop souvent par leur criante injustice à l'honneur même de la nation.

Nous voyons donc dans le *vote accumulé* le

développement le plus ingénieux et le plus heureux du système représentatif, le redressement opportun d'une évidente et fâcheuse injustice dans le mode actuel de formation de nos assemblées électives, et le moyen infaillible de reproduire dans ces assemblées l'image complète et fidèle du vaste corps qui les enfante, sans y détruire l'ascendant de la majorité et sans leur enlever l'énergie nécessaire au gouvernement d'un grand peuple.

CHAPITRE II.

Quand les historiens encore à naître voudront
citer un des exemples les plus frappants des con-
tradictions dans lesquelles peuvent glisser ou
s'endormir les esprits les plus éclairés, ils invo-
queront le souvenir des institutions administra-
tives du premier Empire, conservées presque
intactes par la Restauration, tolérées par la monarchie de Juillet et laissées debout par l'Assemblée constituante de la seconde République, en
même temps que ces trois régimes essayaient
sincèrement de fonder et d'affermir en France la
liberté politique.

Une nation investie, dans ses assemblées parlementaires, de toutes les prérogatives nécessaires
à l'exercice régulier de sa souveraineté, et dénuée
dans sa vie de tous les jours des droits les plus
indispensables et des libertés les plus modestes;
des citoyens vraiment libres de choisir leurs
mandataires et de leur conférer dans toute sa
plénitude le droit de conduire les affaires natio-
nales, tandis que leurs affaires communales et
départementales dépendent absolument de l'autorité administrative, et qu'ils ne sauraient eux-
mêmes faire un pas ni ouvrir la bouche sans
l'autorisation préalable de fonctionnaires tirés
de leur sein, tel est le spectacle contradictoire
et extraordinaire que notre pays a offert au reste
du monde, jusqu'à ce que, par un mouvement
aussi violent et aussi inévitable que les convulsions de la nature, cet édifice politique s'écrou-
lant, faute de base, la suppression du régime
parlementaire en 1852 ait enfin ramené à la
symétrie et à l'unité l'ensemble de la société
française.

Cette leçon si éclatante n'a pas été perdue, et
il est bien peu de bons esprits qui n'aient aujour-
d'hui à cœur de réformer notre système admi-
nistratif et de remanier nos institutions communales et départementales, afin de les rendre enfin
capables de porter et de soutenir un gouvernement libre. Sans entrer dans des détails que ne
comporteraient point la nature et l'étendue de ces
études, il nous suffira d'établir les principes généraux qui doivent diriger cette grande réforme.

Le *self-government* ou gouvernement de soi-
même, doit pénétrer jusque dans nos communes
rurales, et il faut qu'elles apprennent à se gouverner à leurs risques et périls par le moyen des
conseils qu'elles auront librement élus. Un premier magistrat leur est indispensable; elles doivent, sinon l'élire directement, du moins le voir
choisi dans le sein de leur conseil, et sur le vœu
de ce conseil lui-même qui pourrait présenter
deux ou trois candidats au choix de l'autorité
supérieure. Les plus pauvres de ces communes
ont besoin de secours; les plus ignorantes ont,

pour un certain nombre de leurs actes, besoin de
tutelle; mais cette tutelle et ce secours ne peuvent leur venir ni de l'État ni d'un agent de l'État
sans détruire leur indépendance. Or, cette indépendance, sous le régime du suffrage universel,
est le plus précieux patrimoine du pays, puisqu'elle ne peut disparaître sans que les élections
législatives, desquelles dépend tout le reste, ne
soient exposées à être corrompues dans leur
source. Cette tutelle et ce secours indispensables
aux communes pauvres et ignorantes doivent
donc leur venir non pas de l'autorité administrative, mais des conseils électifs placés au-dessus
du conseil municipal, c'est-à-dire des conseils
de canton et de département. Là seulement se
trouveront à la fois les lumières et l'impartialité
nécessaires à l'accomplissement de ce devoir : ce
n'est plus un maître gouvernant, récompensant
ou secourant des administrés, c'est une association venant en aide à une association plus faible;
ce sont des citoyens éclairant et soutenant des
citoyens.

La plupart des personnes qui ont particulièrement étudié ces matières sont d'accord pour remplacer par des conseils cantonaux nos conseils
actuels d'arrondissement. Enfin le conseil général
ne doit pas seulement statuer sur plus d'objets,
constituer librement son bureau, être affranchi,
sur beaucoup de points, de la nécessité de la
sanction administrative pour les délibérations qu'il
a cru devoir prendre (sauf le cas d'impôts exces-
sifs ou d'engagements financiers téméraires que
la tutelle parlementaire servirait à empêcher), il
doit encore être représenté dans l'intervalle de
ses sessions par une commission permanente, élue
dans son sein pour un temps limité, et chargée
de veiller en son absence à l'exécution fidèle de
ses résolutions. Les agents administratifs du département relèveraient de cette commission, et
seraient nommés et payés par elle. Ainsi serait
diminué le patronage excessif dont l'administration est investie, et ceux qui aspirent aux fonctions
départementales n'auraient plus les yeux uniquement tournés vers le pouvoir. Élu pour six ans

et renouvelable par moitié tous les trois ans, le conseil général serait en communication plus fréquente et plus facile avec l'opinion dont le concours lui serait désormais nécessaire, puisque ses pouvoirs seraient plus étendus. Il va sans dire que les magistrats de tout ordre seraient inéligibles au conseil général, et ne seraient pas exposés au soupçon de garder sur leur siége de juge le souvenir involontaire de leurs luttes électorales.

Il y a, de plus, certains intérêts communs entre des départements voisins que peuvent rapprocher leur constitution géographique, leur industrie, l'usage et l'entretien de certaines voies de communication, ou de certains établissements d'utilité publique : cette heureuse communauté d'intérêts peut donner lieu à des réunions périodiques d'un certain nombre de conseils généraux ou de délégués de conseils généraux qui formaient un *conseil régional*, chargé de délibérer sur les voies et moyens nécessaires pour assurer l'accomplissement de l'œuvre commune. Il est

facile de déterminer le sujet de ces délibérations et de les restreindre à leur objet légitime,
qui est d'agrandir l'action et l'utile autorité des
assemblées départementales sans diminuer l'autorité, supérieure à toute autre, du Parlement
national. Ces réunions de plusieurs conseils
généraux en *conseil régional* auraient encore un
autre objet que nous expliquerons plus tard quand
nous traiterons de la formation de la Chambre
haute.

L'ensemble de ces réformes aurait pour principaux résultats de changer la commune, le canton, le département en autant d'écoles pratiques
de la vie publique; de donner satisfaction sur
place par des travaux utiles et par la juste distinction qui en serait la suite, à des ambitions
légitimes qui se consument aujourd'hui dans le
mécontentement et l'obscurité, ou qui assiégent
inutilement les avenues encombrées du pouvoir
central; d'intéresser enfin un grand nombre de
citoyens à la bonne administration de la chose
publique, et de répandre, par la pratique ou

par l'exemple, les salutaires habitudes de libre
discussion et de responsabilité personnelle jusque dans les rangs les plus humbles de la
nation.

CHAPITRE III

Ayant déjà touché, en parlant du droit de suffrage, au mode d'élection du Parlement national, nous examinerons maintenant ce que doit être ce Parlement en lui-même, et, supposant qu'il soit divisé en deux Assemblées ou Chambres, nous traiterons d'abord de celle de ces deux Chambres qui doit être élue directement par le suffrage populaire et qu'on appelle généralement seconde Chambre ou Chambre basse.

Cette Assemblée doit être assez nombreuse pour donner place à une représentation suffisante et efficace des intérêts et des opinions du pays, de ses richesses et de ses lumières. D'un autre côté, le nombre des membres de cette assemblée est limité par la force de la voix humaine, par la nécessité d'y maintenir l'ordre, par la crainte de la faire déchoir, au point de vue de l'intelligence et de la dignité, si par suite de la multiplicité des siéges, l'accès en devient trop facile. Sans entrer dans des détails que ne comporte pas la nature de ce livre, on peut fixer à environ six cents membres le chiffre de la représentation qui convient à la France.

Les conditions d'éligibilité doivent le moins possible faire obstacle au libre choix des électeurs, et, si le législateur a pourvu d'une façon raisonnable aux garanties d'indépendance et de lumière que réclame le sain exercice du droit électoral (ce qui importe plus que tout le reste), il peut abandonner avec confiance au peuple le libre choix de ses représentants. C'est à sa source que le droit électoral doit être surveillé plutôt que dans son cours, où il devient trop facilement irrésistible.

Il va cependant sans dire qu'une peine in-
famante, qu'un manquement à l'honneur, con-
staté par la justice nationale, doit rendre inéli-
gible le citoyen atteint d'une telle flétrissure;
mais l'interdiction des droits politiques ne doit
jamais être prononcée conjointement avec une
condamnation pour délit ou crime politique, par
la raison évidente qu'il s'agit alors d'un acte que
l'opinion peut apprécier de diverses manières et
qui peut, en certains cas et en certain temps,
devenir un titre légitime à la confiance ou à la
sympathie des électeurs. De plus, il est excellent,
surtout dans une démocratie, qu'aucun fonctionnaire public ne siége dans la seconde Chambre
qui doit voter le traitement des fonctionnaires,
contrôler leurs actes et rester, en apparence
comme en réalité, absolument indépendante du
pouvoir exécutif. L'exclusion des fonctionnaires
ne doit pas être moins rigoureuse dans le cas où
le gouvernement parlementaire a revêtu la forme
monarchique, que dans le cas où il a pris le nom
de république; et ce serait une erreur des plus

regrettables que de ne point considérer, à ce
point de vue, comme des fonctionnaires publics
les citoyens attachés au service personnel soit du
président de la république, soit du souverain. Si
le chef de l'État a légalement, comme dans la
Constitution actuelle, une part directe et déclarée
aux luttes de l'opinion et des partis dans le Parlement et dans le pays, ses serviteurs particuliers
sont de véritables fonctionnaires; s'il doit rester,
au contraire, en dehors de ces luttes, à la façon
des souverains constitutionnels, l'opinion de ses
serviteurs exprimée par leurs discours et par
leurs votes, trahit et compromet la sienne; dans
les deux cas, ils sont déplacés au sein du Parlement, et il est utile de leur en fermer l'entrée.

Devrait-il être nécessaire de dire, même en
passant, qu'une assemblée qui a la haute main
sur les affaires du pays doit avoir la haute main
sur les siennes, et par conséquent disposer avec la
même souveraineté que la Chambre des communes d'Angleterre de son ordre intérieur, de
son règlement, du choix de son président et de

toutes les matières qui touchent directement à sa
sûreté, à sa liberté d'action ou à sa dignité? Quant
au rôle de ce président, il faut convenir qu'on
s'en fait en France l'idée la plus fausse et la plus
fâcheuse; on le considère généralement comme
l'instrument de la majorité de l'Assemblée, comme
un représentant de cette majorité, spécialement
chargé de contenir ou de gêner l'expression des
sentiments de la minorité, de frapper d'une dés-
approbation immédiate tout ce qui blesse vivement l'opinion dominante, d'empêcher ou de
blâmer toute parole trop désagréable à ceux qui
l'ont choisi; et si, par surcroît, il a le don des
reparties vives et spirituelles, s'il sait intervenir
par de brusques saillies dans la discussion et
l'égayer de quelques bons mots, c'est un président
accompli : les vœux de l'Assemblée et de la nation sont comblés. Pour moi, je l'avoue, un des
plus tristes symptômes de notre inexpérience des
mœurs parlementaires et de notre peu d'intelligence des institutions libres, c'est le plaisir que
le public français a pris de tout temps à cet in-

convenant spectacle, c'est aussi la naïveté avec
laquelle des hommes qui ont compris et pratiqué
de cette étrange sorte les devoirs d'une présidence
législative, se sont offerts eux-mêmes avec succès
à la gratitude et à l'admiration universelles. Le
président de la Chambre des communes d'Angleterre est ordinairement choisi en raison de sa
connaissance particulière du règlement de l'Assemblée, de ses droits et prérogatives, de ses
précédents, de ses usages, et non point parce qu'il
partage et représente les passions de la majorité,
mais plutôt parce qu'il leur est notoirement étranger et que l'ordre à suivre dans les travaux de la
Chambre est son unique affaire. Il ouvre rarement
la bouche et n'intervient guère que si l'Assemblée
le consulte comme l'interprète compétent, impartial et respecté de sa constitution intérieure.
Mais le plus souvent, sa présence peut paraître
inutile et elle serait oubliée si, par une fiction
qui n'est pas sans avantage pour la dignité de
l'Assemblée et pour le calme de ses débats,
chaque orateur n'était tenu de diriger vers

lui sa parole et de lui adresser ses discours.

C'est le président de l'Assemblée nationale qui doit, en cas de vacance d'un siége, adresser un ordre de convocation aux électeurs, et il n'est ni prudent ni convenable de laisser ce soin au ministre de l'intérieur, comme on l'a fait jusqu'ici en France, et de placer ainsi la main de l'administration entre la puissance législative et le corps électoral qui en est la source. C'est donc aux maires des communes composant la circonscription électorale que doit être adressé l'ordre de convoquer les électeurs et non pas au préfet du département, qui ne doit avoir rien à démêler avec des opérations de ce genre, à moins que son concours ne soit requis pour le maintien de l'ordre matériel. Enfin, lorsque la Chambre, donnant suite aux protestations élevées contre une élection, a ordonné une enquête et a nommé des commissaires, c'est au chef-lieu de l'élection que ces commissaires doivent siéger en audience publique, et l'enquête doit se poursuivre devant eux avec les formes usitées pour les débats judiciaires,

formes que nous décrirons plus tard dans le chapitre spécial consacré à l'administration de la justice, et qui doivent être observées dans toutes les
occasions où il s'agit de constater régulièrement
un fait avant d'arriver, soit à une décision parlementaire, soit à l'application d'une loi pénale.

Quelle doit être maintenant l'étendue et la
nature de l'influence exercée par la seconde
Chambre sur la conduite générale des affaires publiques, et quels sont les moyens de lui assurer
cette influence? Reconnaissons avant tout que
cette influence doit être prépondérante. Ce n'est
pas qu'une influence prépondérante, déposée
entre les mains de cette assemblée, ne puisse
avoir des inconvénients; ceux qui s'épuisent à le
prouver perdent leur temps à démontrer l'évidence; mais les institutions humaines ne peuvent
que choisir entre des périls inégaux, et cette
prépondérance qui doit nécessairement exister
quelque part, a des inconvénients plus considérables encore si elle est concentrée partout ailleurs
qu'entre les mains de cette assemblée. Il est,

en effet, indispensable qu'en cas de dissentiment
entre les pouvoirs publics, le dernier mot reste à
l'un d'eux. Si c'est au pouvoir exécutif que ce
dernier mot doit rester, l'assemblée populaire
n'est plus qu'un corps consultatif et le despotisme est alors constitué sous sa forme la plus
abjecte, puisque, au lieu d'une obéissance silen-
cieuse et tranquille, les hommes sont réunis et
consultés en apparence, pour en arriver toujours
à obéir à un seul, genre d'obéissance plus compliqué, plus solennel, plus réfléchi et, par conséquent, plus avilissant que la pure servitude. Si,
au contraire, le dernier mot reste à l'assemblée
populaire, c'est la nation même qui prononce sur
son sort par ses représentants, avec cet avantage
que la nation peut toujours modifier son jugement en renouvelant ses représentants au moyen
d'élections générales. Non-seulement le retour
périodique de ces élections doit être déterminé
par la loi (et une durée de cinq ans paraît suffisante pour une législature), mais, de plus, il est
sage de concéder au pouvoir exécutif, en cas de

dissentiment avec l'Assemblée populaire, le droit
de consulter extraordinairement la nation par des
élections générales faites en dehors des époques
déterminées par la loi, avec cette restriction pourtant que cette seconde décision de la nation ainsi
consultée est sans appel, c'est-à-dire que le
même ministère ne doit point avoir le droit de
dissoudre de nouveau une Assemblée élue à la
suite d'une dissolution qu'il aura prononcée lui-
même. Le ministère devra donc se rendre sans
hésitation à ce jugement d'appel et au verdict
national qu'il aura lui-même sollicités, et déposer
aussitôt le pouvoir si l'opinion de l'Assemblée,
renouvelée sur sa demande, lui est demeurée
contraire.

L'influence prépondérante (ou, si l'on veut, *le
dernier mot* en cas de conflit) étant ainsi réservé
à l'Assemblée populaire avec l'unique restriction
du droit de dissolution attribué au pouvoir exécutif, comment s'exercera cette influence et sous
quelle forme se fera-t-elle sentir ordinairement
dans les affaires publiques? De trois manières :

par le vote du budget, par le vote des lois, par le renouvellement des ministères.

On ne consteste pas, même aujourd'hui, à l'Assemblée populaire le droit de voter le budget, mais ce droit est actuellement entouré de restrictions qu'il est inutile de mentionner, encore moins de discuter, tant elles sont peu conciliables avec les principes et le jeu du gouvernement parlementaire. Il suffirait, pour remédier à cet état de choses, de prendre pour modèle l'époque de notre histoire constitutionnelle ou républicaine, où le contrôle de l'Assemblée populaire sur les recettes et les dépenses de l'État s'est exercé avec le plus de liberté, d'autorité et de la manière la plus vigilante aussi bien que la plus complète, et de revenir à ces procédés en y ajoutant tout ce que l'expérience et le temps ont pu nous apprendre sur les moyens de mettre plus directement encore la bourse de la nation dans la main de la nation. Si cette réforme est une des plus urgentes, il n'en est guère heureusement qui soit plus facile.

Il faut en dire autant des restrictions mises

aujourd'hui, en ce qui touche le vote des lois, soit
à l'initiative des députés, soit au droit d'amende-
ment de la Chambre. Que la Chambre consulte
le conseil d'État quand elle le croit convenable,
qu'elle lui confie le soin de rédiger un projet de
loi sur lequel ce conseil peut avoir des lumières
particulières, qu'elle mande même les membres
de ce conseil soit dans ses commissions, soit dans
son sein, pour profiter de leur expérience, rien
de mieux; mais, que par une étrange interversion
des pouvoirs publics, la représentation nationale
reçoive des mains du conseil d'État une loi toute
faite avec interdiction de la modifier sans l'aveu
de ce conseil, c'est un spectacle que nous aurions peine à concevoir si nous ne l'avions sous
les yeux, et l'on ne peut expliquer la durée d'un
tel état de choses que par le trouble profond
jeté depuis les événements de 1851 dans l'intelligence et dans l'énergie de la France.

Non-seulement le droit d'initiative en matière
de législation doit être possédé par chaque
membre de l'Assemblée populaire (avec les tem-

péraments en usage dans la Chambre des communes ou dans nos anciennes Assemblées pour
empêcher l'abus de ce droit), mais il y aurait
grand avantage à suivre en ce point l'exemple
du Parlement anglais, où le chef du cabinet propose, en son propre nom et en sa qualité de
député, les mesures qu'il croit utiles, sans que le
nom et le désir du souverain soient jamais invoqués devant la Chambre. Quelque habituée que
puisse être une nation à la fiction constitutionnelle, il n'est pas sans inconvénient de voir présenter, au nom du souverain et comme l'expression
de ses vœux, des mesures dont l'échec, parfois
éclatant, paraît remonter jusqu'à la couronne, si
le gouvernement parlementaire est une monarchie, ou peut affaiblir dans une république l'autorité présidentielle, nécessaire à l'exécution des
lois. Si le gouvernement parlementaire est formé
de deux Assemblées, et que l'accord des deux
Assemblées soit indispensable à l'établissement
de la loi, il faut emprunter à l'expérience de nos
voisins l'usage des *conférences* entre des com-

7

missaires nommés au besoin par chaque Assemblée pour s'entendre directement sur les difficultés que peut soulever dans une Chambre l'adoption d'une loi élaborée dans l'autre. La loi ne serait ainsi abandonnée qu'après l'épuisement de tous les moyens de transaction et de toutes les chances d'accord.

Enfin serait-il utile de réserver au souverain constitutionnel ou au Président de la république non pas le droit de *veto* absolu qui ne peut se soutenir (car ce serait le droit de suspendre ou d'arrêter la vie nationale), mais le droit de réclamer avant la promulgation de la loi une délibération nouvelle, avec la nécessité pour la loi d'obtenir cette fois la majorité des deux tiers avant d'être imposée à la sanction royale ou présidentielle? De deux choses l'une : ou ce droit pourrait être exercé directement par le chef nominal de l'État, en dehors de la volonté de ses ministres, et alors ce ne peut être qu'une cause de trouble puisqu'on verrait une volonté unique entraver l'action législative de la majorité, et qu'il suffirait au chef de

l'État d'être appuyée par le tiers *plus un* des lé-
gislateurs pour l'emporter définitivement dans sa
résistance ; ou bien ce droit du chef de l'État ne
pourrait être exercé que par l'intermédiaire des
ministres, ce qui équivaut à dire qu'il serait possédé par les ministres eux-mêmes ; mais alors on
n'en comprendrait pas l'usage ni l'existence
même, puisque, dans le gouvernement parlementaire, tout désaccord sérieux entre le ministère et
la majorité doit entraîner la chute immédiate du
ministère et son remplacement par les chefs de
la majorité nouvelle.

Cette condition absolue pour l'existence d'un
ministère de vivre en bonne intelligence avec la
majorité est, en effet, le principal ressort du gouvernement parlementaire, et c'est le troisième et
le plus puissant moyen d'action que le Parlement
possède sur la direction des affaires publiques.
Le vote du budget et le vote des lois sont des
moyens d'influence très-efficaces, mais beaucoup moins directs que le pouvoir de renouveler le ministère, et nous savons aujourd'hui

que, sans ce pouvoir, implicitement ou explicitement conféré aux Assemblées, les deux autres
droits peuvent dans la pratique devenir presque
inutiles. Ce n'est pas, en effet, le règlement des
dépenses publiques ni la confection des lois qui
ont l'influence la plus directe et la plus décisive
sur le sort de la nation : c'est la conduite politique de son gouvernement au dedans et au dehors .
qui décide tous les jours de sa destinée ; si cette
conduite n'est pas soumise en temps opportun à
l'action du Parlement, s'il n'a pas dans les
mains le moyen de la bien connaître, de la surveiller et surtout de la changer, le libre vote du
budget et des lois n'empêche pas que le sort du
pays ne soit livré dans la pratique à tous les
caprices de son gouvernement, et les plus grands
désastres peuvent être la conséquence de cette
liberté de se tromper et de mal faire, concédée de
la sorte au pouvoir. C'est donc se jouer de la
crédulité des peuples que de prétendre les laisser
maîtres de leur sort parce qu'on leur permet de
conserver des Assemblées délibérantes, si ces

Assemblées ne possèdent point, avec le droit de renouveler les ministères, le seul moyen efficace d'action et de contrôle que les hommes aient encore expérimenté pour empêcher qu'on ne dispose pas arbitrairement et aveuglément de leurs intérêts les plus chers. Un ministère présent aux Chambres, homogène, responsable, amovible surtout, voilà donc l'instrument le plus indispensable du gouvernement parlementaire et la plus forte garantie de la liberté publique. Examinons rapidement quels sont les moyens pratiques de mettre ce ministère dans la main du Parlement, sans lui ôter la force nécessaire pour la conduite des affaires du dedans et du dehors et pour la défense des intérêts nationaux.

Le plus souvent, dans le gouvernement parlementaire, la dépendance du ministère à l'égard de la majorité n'est pas écrite dans la loi; on se fie pour l'établir à la force des choses, à la nécessité évidente d'une bonne intelligence entre le ministère et la majorité, au malaise moral qu'éprouverait un cabinet impopulaire à rester debout

au milieu d'une Chambre hostile, enfin, comme
ressource suprême, à ces votes formels de *manque
dë confiance* qui équivalent pour un cabinet à
une mise en demeure de se retirer. On a vu cependant comment tous ces moyens indirects de
mettre le ministère dans la main de la majorité
pouvaient échouer à défaut d'une loi précise, et le
funeste exemple de 1830 et des derniers moments
de notre seconde république est présent à toutes
les mémoires. Il y aurait donc lieu d'examiner s'il
ne conviendrait pas de remettre directement à
la Chambre élective la désignation formelle du
Président du conseil qui, une fois élu, choisirait
librement ses collègues, et qui serait investi par
cette élection d'une bien plus haute autorité que
par le passé, soit auprès d'un souverain constitutionnel, soit auprès du Président de la république, soit enfin sur ses collègues eux-mêmes.
Cette élection du Président du conseil serait naturellement valable pour un temps indéterminé,
c'est-à-dire jusqu'à la démission de ce chef de
cabinet ou jusqu'à ce que la Chambre crût né-

cessaire, à défaut de cette démission, de procéder à une élection nouvelle. On pourrait décider, par exemple, que, sur la demande du tiers de ses membres, la Chambre serait tenue soit d'élire un successeur au Président du conseil, soit de le confirmer dans ses fonctions par un nouveau vote, qui n'aurait alors pour effet que de retremper son autorité. Notre Président du conseil deviendrait ainsi, dans toute la force du terme, un véritable *leader* de la Chambre, mais sa situation aurait la netteté qui convient à l'esprit français et serait mieux déterminée qu'en Angleterre.

Il ne nous reste plus, pour compléter ce tableau succinct des attributions de la Chambre élective, qu'à mentionner la discussion le plus souvent sommaire d'une Adresse en réponse au discours de la couronne si la forme du gouvernement est monarchique, l'audition du message présidentiel si la forme du gouvernement est républicaine, les interpellations réglées par les mêmes usages que dans nos Assemblées libres avant 1852, la nomination au besoin de comités d'enquête pour la

constatation de certains faits ou la préparation de
certaines lois, le vote enfin de tous les traités qui
doivent être soumis, sans exception, par le pouvoir
exécutif à l'approbation législative entre la conclusion et la ratification de ces actes diplomatiques.

Investie de la sorte d'un pouvoir prépondérant
et universel sur les affaires intérieures et extérieures de la nation, sur la composition et sur la
marche du pouvoir exécutif, cette puissante
Assemblée doit être elle-même contenue de deux
manières : 1° par l'existence d'une autre Assemblée dont le concours serait nécessaire pour la
confection des lois, et qui exprimerait aussi son
avis sur la politique générale ; 2° par le droit
indispensable de *dissolution*, déposé soit entre les
mains du souverain, soit (ce qui est plus difficile)
entre les mains du Président de la république,
soit entre les mains du Président du conseil, qui
pourraient sur-le-champ rendre à la nation son
libre arbitre et la mettre en demeure de se prononcer avec une souveraine indépendance sur la
conduite de ses représentants.

CHAPITRE IV

DE LA CHAMBRE HAUTE OU PREMIÈRE CHAMBRE.

L'expérience est d'accord avec la raison pour recommander aux nations qui veulent se gouverner avec ordre et en liberté l'établissement de deux Chambres, entre lesquelles se partage le pouvoir législatif, tandis que celle de ces deux Assemblées qui représente plus directement le peuple exerce ordinairement un action prépondérante sur la conduite générale des affaires.

L'existence d'une Chambre haute a plusieurs avantages : les lois soumises à une double discussion sont plus mûrement délibérées; l'expérience d'un certain nombre de fonctionnaires

distingués ou d'hommes éminents qui ne peuvent, pour diverses raisons, siéger dans l'autre
Chambre, n'est point perdue pour la chose publique, et, grâce au droit d'initiative, des lois
importantes et des réformes utiles peuvent prendre naissance dans le sein de cette Assemblée;
enfin cette Chambre haute peut offrir un point
d'appui solide à l'opinion et au gouvernement,
dans le cas où l'autre Chambre abuserait incon-
sidérément de son pouvoir, et le droit de dissolution paraîtrait moins témérairement exercé
lorsque le gouvernement serait implicitement encouragé, par l'approbation et le concours de cette
haute Assemblée, à renvoyer l'autre Chambre devant les électeurs, auxquels appartient le dernier
mot.

Une Chambre haute peut être formée de trois
manières : premièrement, par la possession d'un
siége héréditaire attribué à certaines familles
privilégiées, dont le nombre peut être maintenu
au même niveau en cas d'extinction ou même
accru par le souverain; secondement, par la no-

mination à vie des membres qui la composent
soit entièrement au gré du souverain, soit à son
choix, mais avec certaines restrictions déterminées
par la loi ; troisièmement, par un mode d'élection différent de celui qui sert à former la seconde
Chambre. De ces trois manières, la première est
exclue par la conception même d'un gouvernement démocratique, car l'esprit démocratique,
qui tend à détruire cette hérédité de la première
Chambre, partout où elle existe encore, la dé-
truirait à coup sûr si on l'imposait de nouveau.
La seconde manière, c'est-à-dire le libre choix du
souverain, ou même le choix du souverain restreint par la loi, ne procure pas à cette Chambre
l'autorité nécessaire pour remplir convenablement son rôle législatif et surtout pour balancer
jusqu'à un certain point le pouvoir si considérable de l'autre Chambre ; de plus, ce mode de formation ne peut absolument convenir qu'à la forme
monarchique et la suppose établie, tandis que
nous cherchons ici des institutions qui puissent
s'accommoder également de la forme monarchique

et de la forme républicaine, leur unique objet
étant d'assurer la liberté dans la démocratie.
Reste donc l'élection comme moyen principal de
former cette Chambre haute, mais cette élection
doit naturellement différer du mode d'élection en
usage pour la seconde Chambre.

Nous avons établi, au chapitre II de ce second livre, qu'il serait bon de réunir périodiquement, pour délibérer sur certains objets d'intérêt
commun, les conseils généraux de plusieurs départements, groupés en un *Conseil régional* d'a-
près leurs affinités géographiques ou industrielles.
Le nombre de ces régions, analogues aux ressorts
de nos cours d'appel ou à nos divisions universitaires, serait de vingt à vingt-cinq pour tout notre
territoire. Les conseils généraux, réunis de la
sorte temporairement en Assemblées régionales,
formeraient le corps électoral le plus compétent
pour la composition d'une Chambre haute. Si l'on
suppose que chacun de ces groupes soit mis en
possession de huit ou dix siéges, on arrive à un
total d'environ deux cent cinquante membres qui,

par leurs lumières, leur situation considérable et l'esprit naturellement conservateur du corps qui les a élus, sont éminemment propres à remplir le rôle utile attribué à une Chambre haute dans un gouvernement démocratique. Cette élection ne serait pas à vie, afin que cette Chambre puisse suivre avec une certaine lenteur le mouvement de l'opinion, et garder son crédit sur l'esprit public, et il serait nécessaire que tous les dix ans les conseils généraux, réunis en Assemblées régionales, fussent appelés à renouveler la Chambre haute par une élection générale; mais les mêmes membres seraient indéfiniment rééligibles, ce qui maintiendrait, selon toute apparence, dans ces rassemblements périodiques un juste équilibre entre l'esprit de conservation et l'esprit de progrès.

Ces élections fournissant environ deux cent cinquante membres, et la Chambre haute pouvant sans inconvénient en compter jusqu'à trois cents, il y aurait avantage à l'augmenter, non point par des choix arbitraires, mais par des siéges attri-

bués de droit à certaines hautes fonctions qui
supposent chez ceux qui les occupent soit l'illustration personnelle, soit le talent, soit au moins
l'expérience. Le premier président de la Cour de
cassation, le premier président de la Cour des
comptes, les amiraux, les maréchaux de France
(si l'on juge utile de conserver ce titre), ou, à
leur défaut, certains généraux ayant rempli des
conditions qui seraient déterminées par la loi,
feraient partie *de droit* de la Chambre haute,
sans qu'aucun membre y dût son entrée au choix
du pouvoir exécutif. Si nous ne parlons pas ici
des cardinaux de l'Église romaine ni des ministres des autres cultes, ce n'est nullement que
nous entendions fermer à ces personnages l'accès
de l'une ou de l'autre Chambre, mais on verra
par la suite de cet ouvrage pourquoi l'État ne
pourrait désormais les reconnaître ni les choisir
à raison de leur caractère sacré. Il n'est pas
douteux, d'ailleurs, que le mode de recrutement
proposé pour la Chambre haute y ferait pénétrer
par le choix des Assemblées régionales les repré-

sentants plus éminents des divers cultes, et prin-
cipalement ceux du culte catholique, dont les
évêques ont dans nos départements une situation si considérable. Il serait juste enfin et utile
à l'État de conférer à chaque académie de
l'Institut de France le droit d'élire deux de ses
membres, c'est-à-dire dix membres pour tout
l'Institut, qui seraient aussi investis, pour une
période de dix années, d'un siége à la Chambre
haute et indéfiniment rééligibles. L'attribution de
ces dix siéges à l'Institut aurait deux avantages :
d'une part, le pays pourrait profiter des lumières
de plusieurs hommes éminents qui n'auraient pas
dans les départements une situation personnelle
assez considérable pour arriver à la Chambre
haute par le choix des Assemblées régionales,
et qui sont encore moins en état ou en goût de
courir les chances d'une élection populaire à la
seconde Chambre; d'autre part, on conserverait
par ce moyen ce petit nombre de siéges dans la
Chambre haute qui est aujourd'hui ménagé d'ordinaire par la faveur du souverain à quelques

illustrations des lettres, des sciences et des arts ; mais, en même temps que l'élection par l'Institut à ces dix siéges est désormais commandée par le caractère électif que nous voulons donner à la Chambre haute, l'honneur de les obtenir serait plus grand pour des membres désignés de la sorte par le libre choix de leurs confrères.

Les attributions de cette Assemblée seraient les mêmes que celles de notre ancienne Chambre des pairs, c'est-à-dire qu'elle exercerait le pouvoir législatif en commun avec l'autre Chambre, jouirait du droit d'initiative, d'interpellation et de tous les droits qui constituent les Assemblées libres, mais elle ne serait pas investie des droits spéciaux que nous avons réclamés pour l'autre Chambre en ce qui touche le renouvellement des ministères ; enfin, dans le cas où une loi votée ou amendée par l'une des deux Chambres ne recevrait pas l'assentiment de l'autre, des conférences seraient ouvertes entre des commissaires désignés par chacune des deux Chambres, et la loi, ainsi débattue, ne serait abandonnée qu'après

une déclaration de la majorité de ces commissaires constatant l'impossibilité d'arriver à un
accord.

CHAPITRE V

Il n'y a point de lecteur français qui eût compris, il y a une vingtaine d'années, qu'on mît en question la responsabilité ministérielle et qui n'eût laissé de côté avec quelque dédain, comme oiseuse et superflue, toute démonstration à l'appui d'une doctrine si évidente par elle-même. Mais c'est le propre du temps où nous vivons que de réduire ceux qui écrivent ou qui parlent sur la politique à prouver l'évidence, et nous ne pouvons omettre d'établir en passant que la responsabilité ministérielle est indispensable à l'existence d'un gouvernement libre.

Personne n'ose d'abord prétendre que la responsabilité ne doit exister nulle part pour les actes du gouvernement et pour la conduite générale des affaires de la nation. Le doute ne peut donc être soulevé que sur la personne et sur les fonctions auxquelles cette responsabilité doit s'attacher de préférence. Est-ce au souverain dans une monarchie héréditaire, au Président d'une république à l'exclusion de ses ministres, ou enfin aux ministres seuls sous la forme monarchique, ou bien encore aux ministres et au Président tout ensemble sous la forme républicaine?

Parlons de la première hypothèse, celle de la responsabilité concentrée sur la tête d'un souverain héréditaire à l'exclusion de ses ministres. Si cette responsabilité unique pouvait réellement exister, on démontrerait d'abord, sans beaucoup de peine, qu'elle est injuste dans l'application; car il est matériellement impossible à un seul homme, même avec la jouissance du pouvoir le plus absolu, de conduire les affaires du dedans

et du dehors avec une vigilance assez soutenue et
assez éveillée pour qu'il soit à bon droit responsable de toutes les fautes. La politique étrangère
d'un grand État peut être, à la rigueur, livrée
à une seule main et conduite avec assez d'autorité pour que la responsabilité de cette direction
repose, sans trop d'injustice, sur une seule tête.
Mais que la même personne exerce en même
temps sur l'administration intérieure du pays une
surveillance assez attentive et assez éclairée pour
répondre à bon droit des fautes commises en
toute matière et sur tous les points de ce vaste
théâtre, c'est ce qu'il est impossible de concevoir; de sorte que la seule responsabilité vraiment
encourue par celui qui revendique un tel rôle,
avec ses priviléges et avec ses périls, c'est d'avoir
entrepris sciemment une tâche qui dépasse les
forces humaines.

Cette responsabilité exclusive du souverain
serait donc tout d'abord une injustice, si elle était
appliquée; mais, comme elle est évidemment in-
applicable dans la pratique, il est impossible de

la considérer autrement que comme une fiction
destinée à couvrir le pouvoir absolu d'une ombre
d'équité en le décorant d'une apparence de garantie. Quand il s'agit du pouvoir suprême, les
termes mêmes d'*hérédité* et de *responsabilité*
s'excluent, puisque l'une de ces deux choses ne
peut exister qu'aux dépens de l'autre. Qu'est-ce
que l'hérédité, et que devient la stabilité qu'on
y recherche, si la mise en action de la responsabilité du souverain peut à tout moment venir
l'interrompre? et comment, d'autre part, cette
responsabilité pourrait-elle être appliquée sans
porter atteinte au droit héréditaire? De plus, cette
responsabilité est si évidemment fictive, qu'il n'est
jamais entré dans l'esprit de personne d'en prévoir et d'en réglementer l'exercice. Une loi pour
la mise en accusation du souverain *encore régnant,*
un accusateur, des juges, l'exécution d'un tel
arrêt, quel qu'il fût, sans bouleversement dans
l'État, sont de telles chimères, que nul législateur
jouissant de sa raison n'y arrêtera sa pensée; et
pourtant, sans ces stipulations explicites, cette

responsabilité est-elle autre chose qu'une parole
vide? Faut-il donc l'entendre uniquement en ce
sens, qu'après une révolution victorieuse, le souverain peut être jugé et ne peut, dans cette situation, prétendre en droit, comme le faisait l'in-
fortuné Louis XVI, à l'inviolabilité monarchique?
Mais ce détail n'a que bien peu d'importance,
car c'est l'opération préparatoire au jugement,
c'est-à-dire la révolution elle-même et la chute
du trône qui seraient alors la véritable application de la responsabilité royale ; et donner expressément à un peuple, comme principale garantie
contre l'abus du pouvoir, le droit de se révolter,
s'il le peut, contre le souverain, et le droit de le
juger ensuite, c'est arriver à une conclusion si
extraordinaire, si contraire à la fois à la raison
et à l'intérêt public, qu'on ne peut en faire l'objet
d'une discussion sérieuse.

Sans conduire à une conclusion aussi insoute-
nable, la responsabilité d'un Président de république, à l'exclusion de ses ministres, entraîne
des inconvénients très-graves que l'expérience

des États-Unis nous permet déjà d'apprécier.
Et pourtant le premier magistrat de la république
américaine a si peu de pouvoir, que sa responsabilité, contenue, comme ce pouvoir même, dans
les plus étroites limites, semble ne devoir jamais
être mise en jeu. Il ne peut ni faire la guerre ou
la paix, ni traiter sans l'aveu du Congrès, ni
choisir ses principaux agents, ambassadeurs et
ministres, sans l'assentiment du Sénat, et en l'absence du droit de dissolution, le *veto* suspensif est
la seule arme que la Constitution lui ait laissée
pour tempérer l'ascendant presque absolu du
Congrès fédéral. En voyant si peu de pouvoir,
et, par conséquent, si peu de responsabilité attribuée à la présidence, on pouvait penser que
l'Amérique ne sentirait guère l'inconvénient
d'avoir un chef de gouvernement qui, élu pour
quatre années, serait en même temps responsable.
L'exécution des lois étant le seul domaine de ce
fonctionnaire, il semble qu'il ne peut guère faillir.
Et cependant, nous avons vu le Congrès hésiter
longtemps, en 1867, entre le grave inconvénient

de troubler l'État s'il appliquait la responsabilité présidentielle, et l'inconvénient non moins fâcheux de supporter pendant quatre années un Président ouvertement hostile au Congrès et en lutte déclarée avec cette Assemblée au sujet de l'exécution des lois.

La solution du problème serait plus aisée, sans être excellente, si un ministère, présent aux Chambres et investi des mêmes pouvoirs que sous la monarchie constitutionnelle (comme pendant notre seconde république), venait couvrir et diminuer d'autant la responsabilité présidentielle. Mais, comme il paraît équitable que la responsabilité soit proportionnelle au pouvoir, on courrait le risque, avec cet arrangement, de voir le Président s'appliquer constamment à exagérer sa responsabilité, afin d'étendre son pouvoir. Au lieu d'accepter une responsabilité strictement bornée à l'exécution régulière des lois et au maintien de l'ordre public, le Président se prétendrait obstinément responsable de la direction générale des affaires et du sort même de la nation, afin d'avoir un juste

sujet de plaintes contre les prudentes limites
apportées à son influence. « Les ministres prétendent gouverner, dirait-il, et pourtant je suis
responsable ; j'ai les mains liées pour le bien et
je réponds du mal. » Déguiser le désir du pouvoir sous la revendication de la responsabilité,
c'est donner habilement à l'ambition personnelle
la forme la plus respectable et, par conséquent,
la plus dangereuse chez un peuple très-sensible
à l'idée de la justice et particulièrement sensible
à la générosité du caractère. Le seul moyen de
déjouer cette ruse périlleuse sous le régime d'une
république présidentielle, c'est de définir avec
clarté et de limiter avec rigueur la responsabilité
du Président et de la borner aux devoirs qui re-
lèvent directement de son office, en laissant au
cabinet toute la responsabilité de la politique
générale, afin de lui assurer tout son pouvoir.
Une bonne loi sur la responsabilité présidentielle
est donc la plus urgente et la plus indispensable
des institutions d'une république naissante ; mais
cette loi est difficile et délicate à faire, puisqu'elle

doit distinguer soigneusement et surtout explicitement entre le genre particulier de responsabilité qui incombe au Président, et la responsabilité générale et plus efficace qui doit demeurer au ministère.

En revanche, rien de plus simple que la responsabilité ministérielle sous la monarchie constitutionnelle dont elle est le principal ressort, et ce mécanisme est devenu si familier dans notre siècle aux esprits éclairés, que l'expliquer est presque inutile. Tout le monde a vu dans le roi des Belges, Léopold Ier, et tout le monde peut voir encore aujourd'hui dans la reine Victoria l'image accomplie d'un souverain constitutionnel, absolument dégagé de la lutte des partis, uniquement chargé d'enregistrer et de légaliser leurs victoires, en appelant au pouvoir les chefs d'une majorité triomphante, ou en renvoyant cette majorité devant le pays, s'il y a lieu de croire qu'elle a cessé de représenter l'opinion générale.

Dans ce système de gouvernement, le ministère est homogène en même temps que respon-

sable. Il a pour chef un président du conseil qui,
investi de la confiance de la majorité, a librement choisi ses collègues. Nous avons exposé
dans le chapitre III de ce second livre les raisons qui nous feraient paraître utile que ce chef
du cabinet fût directement élu par la Chambre
pour un temps indéterminé, avec l'obligation
cependant, pour la Chambre, de procéder à une
nouvelle élection, d'où le même nom pourrait
sortir, si cette épreuve était demandée par le tiers
des membres de la représentation nationale.

Constitué de la sorte, administrant les affaires
publiques sous la direction de son chef et soumis, pour l'ensemble et le détail de sa conduite,
au contrôle quotidien du Parlement, il nous
semble que le ministère offrirait à la fois au pays
les avantages du gouvernement le plus fort qu'on
pût concevoir et toutes les garanties inséparables
pour le respect de la liberté générale. D'une part,
ce cabinet appuyé sur la majorité parlementaire,
pourrait tout faire, *excepté,* selon le dicton constitutionnel de nos voisins, *changer un homme*

en femme; d'autre part, il aurait pour frein constant et puissant, l'entier exercice de la liberté parlementaire et la surveillance jalouse du parti qu'il a remplacé au pouvoir et qui aspire à l'y remplacer à son tour.

Il faut laisser quelque chose à la sagesse humaine et c'est à l'instinct public qu'il appartient dans un gouvernement constitutionnel de presser ou de retarder la chute des ministères. Si ces chutes sont trop fréquentes, l'instabilité qui en résulte dans le gouvernement et dans la conduite des affaires publiques est un mal; si ces chutes sont trop rares et si le même parti, représenté par les mêmes hommes, se maintient trop longtemps au pouvoir, deux inconvénients graves sont la suite de cette lenteur dans le jeu du mécanisme constitutionnel : le premier, c'est d'aigrir et d'envenimer le parti et les hommes tenus ainsi à l'écart du pouvoir, au point de leur faire perdre de vue le bien public et de les pousser quelquefois à des résolutions extrêmes; le second inconvénient, c'est d'enlever au gouvernement

ministériel un de ses principaux avantages qui
est d'amener, par la chute opportune des cabinets,
un rafraîchissement de l'atmosphère politique et
l'apaisement salutaire de ces griefs inévitables que
l'exercice le plus sage et le plus modéré du pouvoir
produit toujours parmi les hommes. Le gouvernement personnel n'a aucun moyen d'échapper au
poids toujours croissant de ces griefs accumulés
sur une seule tête, et doit tôt ou tard y succomber ; le gouvernement ministériel offre au contraire, par la chute des cabinets, une satisfaction
presque périodique à ces mécontentements inévitables, et, du même coup, il apaise les ressentiments et éveille les espérances.

C'est la chute des cabinets bien plutôt que leur
mise en accusation qui est la véritable sanction de
la responsabilité ministérielle et le principal ressort du gouvernement parlementaire. Toutefois,
il peut être nécessaire et salutaire de mettre des
ministres en accusation, et alors on pourrait choisir
sans inconvénient pour tribunal suprême, soit la
haute Cour telle qu'on l'avait constituée en 1848,

soit la Chambre haute telle que nous proposons
de la constituer ici (liv. II, ch. iv.), car elle est
composée à peu près des mêmes éléments que la
haute Cour républicaine.

C'est un usage utile à conserver que l'adjonc-
tion transitoire au cabinet de commissaires spéciaux, choisis par le cabinet lui-même pour le
seconder dans la discussion de certaines lois,
soit devant les commissions législatives, soit
même devant les Chambres, pourvu que la distinction soit bien nette et reste marquée entre
ces interprètes et auxiliaires passagers des départements ministériels et les chefs responsables
de ces mêmes départements.

Il serait, d'autre part, salutaire d'habituer les
ministres français à considérer l'hôtel des ministères comme un lieu de travail et non point
comme leur habitation particulière. Si nos ministres
prenaient l'habitude, comme les ministres anglais, de ne rien changer à leur existence, de
garder leur demeure habituelle et d'aller au
ministère comme le font leurs employés, ils

s'attacheraient moins au pouvoir; ils s'accoutumeraient à en sortir sans peine et à y rentrer sans empressement; ils considéreraient enfin les révolutions ministérielles comme des événements ordinaires, dans la carrière d'un homme politique, et non plus comme des triomphes ou des catastrophes dans leur vie privée. Mais cette dernière réforme est du ressort des mœurs plutôt que de la loi.

CHAPITRE VI

DU CHEF SUPRÈME DU POUVOIR EXÉCUTIF ET DES
DIFFICULTÉS PARTICULIÈRES SOIT A LA FORME
MONARCHIQUE, SOIT A LA FORME RÉPUBLICAINE.

Si le lecteur a donné jusqu'ici quelque attention aux diverses parties et au plan général de
cet ouvrage, il aura sans doute remarqué que
nous n'avons traité jusqu'à présent que des conditions de l'établissement de la liberté dans la
démocratie française, sans avoir encore touché
la question de savoir si ce gouvernement démocratique et libéral prendrait la forme monarchique ou la forme républicaine. Non-seulement
cette question n'a pas été touchée, mais, en établissant les bases d'un gouvernement démocra-

9

tique et libre, et en nous approchant par degrés du faîte de cette construction politique, nous nous sommes particulièrement attachés à n'y admettre que des éléments également acceptables pour une démocratie monarchique et pour une démocratie républicaine. La forme et l'exercice du droit de suffrage, l'administration communale et provinciale, l'existence et les attributions de nos deux Assemblées et de notre ministère responsable sont également compatibles avec une monarchie et une république. Nous avons donc dressé de la sorte le plan d'un gouvernement démocratique et libre, et, arrivé à ce point, nous pouvons nous demander en toute liberté comment il convient d'achever cet édifice politique, et lequel de ces deux couronnements, monarchique ou républicain, en garantirait le mieux la durée.

Dans cette question, comme dans toutes les affaires humaines, il ne faut point prétendre au bien absolu; ici comme partout, c'est dans un choix entre des imperfections plus ou moins

graves que consistent la liberté et la sagesse
de l'homme; mettre en balance la république et
la monarchie, c'est donc se demander simplement
laquelle de ces deux formes de gouvernement
peut offrir dans la pratique les difficultés les
moins considérables et les inconvénients les moins
sensibles.

Il est tout d'abord nécessaire de distinguer
entre les difficultés *réelles* et les difficultés *imaginaires* particulières à chacune de ces deux formes
de gouvernement. Par difficultés *réelles*, j'entends
les difficultés qui résultent de la nature même des
choses et qui s'imposent aux esprits les plus
éclairés lorsqu'ils entreprennent sans prévention
cette étude; par difficultés *imaginaires,* j'entends
celles qui résultent de l'état de l'opinion telle que
l'ont faite les événements de notre histoire, ou,
pour parler avec plus de précision encore, celles
qui résultent aujourd'hui des préjugés nationaux
relatifs à ces deux formes de gouvernement. Si l'on
veut y regarder de près et tout définir avec
rigueur, on peut dire que ces deux difficultés se

confondent en ce sens que les difficultés d'*imagination* doivent figurer parmi les difficultés
réelles, puisqu'elles deviennent des obstacles et
des dangers dans la pratique, et que l'homme
d'État doit en tenir grand compte. Mais, au point
de vue de la théorie et de la discussion, il faut
distinguer entre ces deux ordres de difficultés,
et ne point confondre les préjugés nés de l'ignorance ou de l'histoire mal comprise avec les
craintes mieux fondées que l'étude et la réflexion
peuvent inspirer aux meilleurs esprits.

Les difficultés d'*imagination* ou d'*opinion* qui
rendent précaire en France l'établissement d'une
forme républicaine de gouvernement viennent
surtout de notre histoire et de deux expériences
inégalement malheureuses. La première république exalte, il est vrai, l'esprit d'une partie
de notre jeunesse dans chaque génération par
des images indistinctes de grandeur et de gloire;
mais elle offre surtout à la mémoire de la presque
unanimité des Français l'image odieuse de la
Terreur, remplacée par l'anarchie, aboutissant

elle-même au despotisme et à de prodigieux
revers. Ce souvenir de la première république
a été le plus grand obstacle qu'ait rencontré
la seconde, et, si celle-ci a définitivement séparé
par son humanité le mot de Terreur du mot de
république, elle a remplacé cette appréhension
par une autre, en coïncidant avec l'explosion
du socialisme et en inscrivant les journées de
juin 1848 dans nos annales. C'est de la sorte
que le nom de république est devenu deux fois
suspect aux Français ; il éveille moins qu'autrefois l'idée de la tyrannie démagogique et de l'é-
chafaud politique, mais il réveille plus qu'autrefois
l'idée d'une insécurité générale et d'une guerre
déclarée entre les classes pour la possession des
biens matériels. Ces appréhensions nouvelles ne
font guère moins de tort au nom de république
que les appréhensions anciennes, car nos sociétés si laborieuses sont de plus en plus avides
d'ordre et de sécurité, et tiennent à la richesse
au moins autant qu'à la vie.

Ces difficultés d'*opinion* ou d'*imagination*

contre la république n'existent pas pour les
hommes éclairés qui conçoivent sans peine l'idée
d'une république bien organisée, capable de
maintenir l'ordre, d'assurer la liberté et de me-
ner à bien tous les grands intérêts du pays. Cou-
ronner par la forme républicaine les institutions
que nous avons esquissées dans les pages précé-
dentes n'a donc rien qui puisse au premier abord
répugner aux bons esprits. Bien plus, l'expérience même n'est nullement contraire à cette
conception de la raison; car la seconde république avait en fait triomphé du désordre, et,
réunissant dans une Assemblée souveraine les
représentants les plus éminents des opinions diverses, elle avait réellement remis le sort de la
patrie entre les mains de l'élite de la nation;
elle a donc succombé bien plus à la défiance
injuste qu'elle continuait d'inspirer qu'à ses inconvénients propres, et si les défauts de sa Constitution ont certainement hâté sa fin, la faute
n'en est point à la forme républicaine du gouvernement qui eût été certainement compatible

avec une Constitution plus prévoyante et plus
raisonnable. Enfin cette seconde république a
péri par une conspiration qui pouvait seulement
être prévenue par une conspiration contraire ;
mais les Assemblées, n'étant point faites pour con-
spirer, ne sont nullement propres à ce rôle, et
l'on ne peut exiger qu'elles s'en acquittent avec
avantage. Si pourtant les esprits éclairés n'ont
point de préjugés contre la république, un préjugé si répandu contre elle doit compter dans
la pratique, et prendre rang parmi les difficultés
de fait que cette forme de gouvernement peut
malheureusement rencontrer en France.

Parlons maintenant des difficultés d'*imagination* ou, si l'on veut, des préjugés qui rendent
si laborieuse et si douteuse en France la conso-
lidation de la monarchie. On ne fonde pas aisément des dynasties nouvelles, alors même qu'on
a le secours très-rare en ce monde d'un génie
prodigieux et d'une gloire immense, comme il
est arrivé à la famille corse des Bonaparte, au
commencement de ce siècle. En tout cas, ces

circonstances ne s'étant produites en ce siècle
dans aucune autre famille, et ne paraissant plus,
selon toute prévision humaine, pouvoir se produire, on doit définitivement borner à trois le
nombre des Maisons ayant régné ou pouvant prétendre à régner sur la France. Le nom de monarchie est donc chez nous inséparable d'une de
ces trois familles, et l'établissement de chacune
d'elles soulève des difficultés d'*imagination* plus
ou moins considérables. Si la maison de Bourbon
est sur le trône, un préjugé tout opposé à celui
qui rend si difficile le succès de la république,
mais non moins énergique, aliène aussitôt au
gouvernement la moitié, sinon même la majorité
de la nation. Pour un très-grand nombre de
Français, l'avénement de la maison de Bourbon,
même entourée des institutions les plus libérales,
est synonyme du rétablissement de l'ancien régime, de la reconstitution de l'aristocratie et de
la domination du clergé. L'existence d'un gouvernement entouré de telles défiances devient
bientôt précaire, et les plus petits accidents

peuvent amener des catastrophes, comme dans la santé humaine le plus léger trouble peut ruiner un tempérament débile. La maison patriotique et libérale d'Orléans n'excite point de telles défiances; mais, tandis qu'elle est en butte aux doubles attaques des partisans de la république et des partisans de la maison de Bourbon, elle n'a guère pour elle que l'adhésion timide et vacillante de la classe la plus éclairée, mais malheureusement la moins énergique de la nation. Nul n'ignore les difficultés d'*imagination* que rencontre à son tour la dynastie des Bonaparte, et combien cette maison aura de peine à persuader à une partie considérable de la nation qu'elle veut sincèrement la liberté, la paix et surtout le gouvernement parlementaire dans toute sa plénitude.

Ce sont là, comme nous le disions tout à l'heure pour la république, des difficultés d'*imagination,* en ce sens que les hommes éclairés n'ont aucune peine à concevoir l'existence d'une monarchie vraiment parlementaire et libérale sous

n'importe lequel de ces trois noms ; mais ces difficultés d'*imagination* n'en deviennent pas moins
dans la pratique une difficulté *de fait* considérable, puisqu'elles gênent l'action du gouvernement monarchique, le rendent suspect au pays
et peuvent compromettre sans cesse son existence. Enfin, il faut compter, parmi les difficultés d'*imagination* qui font obstacle à la monarchie, le parti pris théorique d'un certain nombre
de Français contre la forme extérieure et le nom
même de ce gouvernement, comme si les mots de
roi et de *monarchie* avaient une vertu propre indépendamment de ce qu'ils recouvrent, et comme
si un roi, par exemple, dans le système de gouvernement que nous avons esquissé, n'était pas
infiniment moins puissant et moins redoutable
à la liberté qu'un Président dans la Constitution
de la plupart des républiques ! Ce préjugé est
encore moins fondé en raison que les précédents,
mais il existe chez un grand nombre d'esprits
ardents, et il faut en tenir compte parmi les difficultés d'*imagination* que rencontre la monarchie.

La part étant faite de la sorte aux divers préjugés qui militent en France soit contre la république, soit contre la monarchie, et qui ont permis
parfois de dire que la France est républicaine
quand elle est sous la monarchie, et qu'elle re-
devient monarchique quand sa Constitution est
républicaine, il nous faut maintenant considérer la question en elle-même, avec la liberté
d'esprit qui convient aux hommes éclairés, et
peser avec les seules balances de la raison les
motifs de choisir entre ces deux formes de
gouvernement. Nous supposons, bien entendu,
que les institutions décrites dans les chapitres
précédents sont établies, que le gouvernement
démocratique et libre est en pleine vigueur,
et nous nous demandons seulement si le chef
qu'il convient de mettre à sa tête sera un Président de république ou un souverain constitutionnel.

La forme républicaine a contre elle deux objections considérables, l'une qu'on peut appeler
philosophique et générale, tandis que l'autre tient

à la *pratique* même des choses et à une difficulté particulière d'organisation.

L'objection *philosophique* et générale consiste en ce point : que la rivalité des ambitieux et les troubles qui en dérivent vont plus loin sous la république que sous la monarchie constitionnelle et conduisent ordinairement les hommes à des extrémités plus violentes. Il y a des partis, et il est nécessaire qu'il y ait des partis sous la monarchie constitutionnelle comme sous la république ; mais il semble que ces partis et leurs chefs se détestent davantage, se combattent avec plus d'animosité et sont plus tentés de s'anéantir au lieu de se contenir les uns les autres, quand la forme du gouvernement est républicaine. Est-ce parce que le prix de la lutte est plus grand, et que celui qui l'emporte dans une république ne voit rien au-dessus de lui? Est-ce aussi parce qu'il est plus difficile dans une république de reconquérir l'opinion et de ressaisir régulièrement le pouvoir après une défaite? Est-ce enfin à cause de la défiance et de la jalousie

particulière aux mœurs républicaines? Il serait
difficile d'indiquer avec certitude les motifs de
cette disposition des esprits ; mais il n'est pas
douteux que les haines des partis sont plus
amères, leurs procédés plus violents, leurs résolutions plus désespérées et leur victoire plus
abusive, quand l'arène politique tout entière est
livrée à leurs efforts, et quand le pouvoir à la
fois modérateur et décourageant de la royauté
n'est plus au-dessus de leur tête.

L'objection *pratique* contre la république, c'est
d'abord la difficulté, que nous avons indiquée ailleurs, de définir avec netteté et de limiter expressément la responsabilité du Président, afin d'empêcher que ce magistrat n'affecte adroitement
d'exagérer sa responsabilité pour étendre du
même coup son pouvoir. Et, si cette difficulté
n'est pas insoluble, si elle peut être après tout
surmontée par une bonne loi sur la responsabilité
présidentielle, il en est une autre qu'il paraît plus
malaisé encore de résoudre : c'est la question de
savoir si une république peut se passer de l'usage

salutaire et opportun du *droit de dissolution* et s'il est possible de confier à un Président l'exercice d'une fonction si délicate et d'un grand pouvoir.

Nous disons tout d'abord qu'il est difficile, sinon impossible, de se passer du droit de *dissolution* dans un État représentatif qui veut rester libre. En effet, le plus grand péril que puisse courir la liberté et par contre-coup l'ordre dans le gouvernement parlementaire, c'est l'existence d'un désaccord entre les pouvoirs publics et l'opinion générale. Quand l'autorité légale est d'un côté et l'opinion de l'autre, la révolution est aux portes, et l'on peut ajouter, dans le temps où nous vivons, l'ordre social est en péril. Or, dans l'État démocratique et libre dont nous avons esquissé les institutions, ce désordre ne peut se produire que d'une manière ; il faut supposer que tandis que le ministère a la majorité dans la représentation nationale, et veut par conséquent conserver l'Assemblée élective telle qu'elle est, ce ministère et cette majorité ont perdu l'appui de l'opinion et sont insensiblement ou soudainement tombés en minorité dans le pays. Le seul remède à cette situation, qui est la plus périlleuse de toutes, c'est l'usage opportun du *droit de dissolution* qui renvoie la représentation nationale devant son juge suprême et rétablit aussitôt entre la nation et ses députés l'accord indispensable au bien public. Mais, si nous supposons, comme nous venons de le faire, l'existence d'un ministère attaché au pouvoir en dépit de l'opinion et d'une majorité attachée à son siége en dépit des électeurs (soit que ce ministère et cette majorité se fassent illusion, comme il est possible, sur l'état vrai des esprits, car l'homme croit ordinairement ce qu'il désire, soit même que, éclairés sur la situation, ils espèrent la changer en tenant d'abord tête à l'orage), la situation devient évidemment sans issue, à moins que quelqu'un, qui ne soit ni la majorité ni le ministère, ait le droit de dissoudre le Parlement et d'appeler la nation à des élections nouvelles. Qui faut-il donc investir de ce droit et de ce devoir? Si l'État est une république et que le chef de de l'État soit un Président, est-ce à lui qu'il con-

vient de confier cette attribution si importante?
Mais ce chef élu représente lui-même un parti
auquel il doit tout, dont il aura encore besoin
après sa magistrature, et dont il est trop souvent
l'instrument plutôt que le guide, car ce ne sont
pas les hommes les plus éminents qui sous la
forme républicaine arrivent en général au rang
suprême. Ce Président voudra-t-il et pourra-t-il
faire un usage opportun de ce grand pouvoir?
Renverra-t-il malgré eux ses amis et ses partisans devant les électeurs, au risque de briser
de sa propre main sa majorité et son parti?
C'est trop compter sur l'idée du devoir, c'est
trop demander au pur amour du bien public,
et quand les institutions pèchent par ce noble
excès d'exigence, la faiblesse humaine s'en
venge en les laissant inertes ou en les détruisant.

Tout au contraire, ce grand service national,
qu'on ne peut raisonnablement attendre d'un
Président de république, est à nos yeux l'office
propre et particulier du monarque constitution-

nel. Placé au-dessus des partis, n'ayant rien
à espérer ni à craindre de leurs rivalités et de
leurs vicissitudes, son unique intérêt, comme
son premier devoir, est d'observer avec vigilance le jeu de la machine politique, afin d'y
prévenir tout grave désordre. Le plus périlleux
de ces désordres, c'est, comme nous l'avons dit,
le désaccord qui peut survenir pendant le cours
d'une législature entre la majorité de la nation et
l'Assemblée qui la représente. Étudier constamment l'état des esprits, comparer avec une attention impartiale autant qu'éclairée les tendances
actuelles du pays et la conduite de ses représentants, se demander chaque jour si l'accord existe
entre la nation et ses mandataires, intervenir
enfin en temps opportun par *le droit de dissolution* pour rétablir cet accord, s'il est troublé,
voilà la tâche exclusive du roi constitutionnel,
voilà le genre de concours que la Constitution
attend de lui, voilà l'inestimable service qu'il
peut rendre à sa patrie et qu'elle ne peut espérer
que de lui seul.

10

Il ne faut ni lui demander ni lui permettre autre chose. Ce surveillant général de l'État doit rester l'arbitre des partis et n'appartenir à aucun. Il ne doit montrer de préférence pour aucun ministère, pour aucune personne, et, si cela était possible, pour aucune opinion. Mais, comme on ne peut attendre ni exiger d'un homme cette abstention complète de l'esprit et cette réserve absolue du jugement, il suffira qu'on sache le souverain incapable de faire fléchir devant ses inclinations et ses sympathies personnelles le grand devoir de sa charge. Il acceptera donc avec une égale bienveillance tous les cabinets que la majorité lui envoie et concourra avec eux, sans arrière-pensée, à l'œuvre du gouvernement dans le très-petit nombre de choses qui exigent ou admettent son intervention personnelle. Il se séparera de ces cabinets sans difficulté le jour où la majorité leur fera défaut; enfin et surtout, il ne perdra jamais de vue la nation, juge définitif des majorités et des ministères, et, au moindre soupçon d'un dissentiment entre l'opinion et le pouvoir, il enverra les partis en présence se pourvoir devant ce tribunal suprême, afin qu'une prompte décision dissipe toute incertitude.

En résumé, l'écueil principal du gouvernement parlementaire, tel que nous l'avons décrit dans les chapitres qui précèdent, c'est la tyrannie d'une majorité législative qui aurait cessé pendant le cours d'une législature d'être en communauté d'opinion avec la majorité des citoyens. Par ce mot de *tyrannie*, nous n'entendons pas ici des actes de violence ou d'oppression, mais simplement l'existence d'un ministère et d'une Assemblée qui conserveraient légalement le pouvoir, après avoir perdu la confiance ou l'approbation générale. Ce mal n'a qu'un remède : c'est l'usage du *droit de dissolution* par lequel les citoyens sont convoqués dans leurs comices, en dehors des époques prescrites, pour procéder à des élections nouvelles. Le *droit de dissolution* ne peut être ici d'aucun secours, s'il est seulement entre les mains du cabinet, puisqu'on ne peut ni exiger ni supposer que ce cabinet en fasse usage contre ses partisans et contre lui-même. Par le même motif, le *droit de dissolution* serait ici d'un secours insuffisant dans les mains d'un Président.de république, puisque ce Président appartient nécessairement à un parti, tout comme s'il était un premier ministre. Il faudrait donc imaginer un observateur désintéressé de ce conflit qui n'eût aucun intérêt personnel à le voir tranché d'une façon plutôt que d'une autre, et qui eût seulement le pouvoir nécessaire pour en remettre à temps la solution à la volonté nationale, manifestée par des élections libres. Mais c'est la définition même de la monarchie constitutionnelle, bien comprise, que nous venons de tracer de la sorte, et nous avons donné du même coup sa vraie raison d'être.

Il y aurait donc dans la monarchie constitutionnelle, telle que nous la concevons, deux sortes de *dissolutions* : 1° la dissolution prononcée par un cabinet ayant perdu la majorité ou n'ayant qu'une majorité insuffisante, et désirant de son

plein gré se retremper dans l'opinion; 2° la
dissolution que j'appellerais proprement *royale*,
prononcée par le souverain dans la plénitude de
son pouvoir et sans le concours des ministres,
pour appeler la nation à confirmer ou à détruire
une majorité et un cabinet, soupçonnés de ne
plus représenter le sentiment général. Ces deux
formes de dissolution ne doivent pas être em-
ployées plus d'une fois pour ou contre le même
cabinet dans le cours d'une législature, c'est-à-
dire que le cabinet qui aura dissous la Chambre
devra se soumettre à la majorité nouvelle et se
retirer sans la dissoudre, si elle lui est ou lui
devient contraire, et que le souverain qui aura
soumis un cabinet et sa majorité à l'épreuve
d'une dissolution, ne pourra renouveler cette
épreuve contre le même cabinet et contre la
même majorité pendant la durée de la législature.

Nous avons défini aussi nettement que nous
l'avons pu le rôle du souverain constitutionnel
dans notre État démocratique et libre, et, comme

il nous paraît nécessaire au bien public que ce
rôle soit rempli et qu'un roi seul peut le remplir,
nous avons donné, pour cette principale raison,
la préférence à la monarchie constitutionnelle sur
la république. Investi de cette unique préroga-
tive, chargé de cette seule tâche, ce noble gardien de la liberté générale peut, en outre, exercer
sur la société tout entière une salutaire influence.
On doit le trouver à la tête de tout ce qui se fait
de bien et de beau, en dehors des luttes de la
politique; il serait excellent qu'il fût un patron
éclairé des arts, un ami intelligent des lettres et
des sciences, qu'il se montrât reconnaissant au
nom de la nation pour tous les citoyens qui l'honorent et parût sensible à tous les genres de
gloire. Il doit être enfin, s'il se peut, ce que les
Anglais ont si bien appelé le premier gentil-
homme du royaume. Qu'on joigne cette haute
fonction sociale à ce contrôle exclusif et suprême
que nous réservons au souverain constitutionnel
sur les relations du pouvoir parlementaire avec la
nation, et l'on reconnaîtra que cette situation

peut suffire à l'ambition la plus exigeante, si
cette ambition est accompagnée de quelques lumières et échauffée par l'amour du bien. Cette
situation est sans aucune analogie avec celle des
anciens rois; elle est originale autant qu'élevée,
et c'est, en la considérant de près, la plus noble
que l'esprit humain puisse concevoir. Et pourtant la nature humaine est sujette à tant d'erreurs et capable d'un si aveugle orgueil, qu'il
est difficile de rencontrer un homme qui accepte
sans arrière-pensée ce grand rôle, et qui résiste
à la tentation mesquine de se faire lui-même le
chef d'un de ces partis qu'il doit seulement observer et contenir. Devenir soi-même une sorte
de premier ministre perpétuel et inamovible, et
disputer aux cabinets et au Parlement des lam-
beaux de pouvoir, voilà (qui le croirait?) la triste
ambition de certains rois constitutionnels qui,
selon la parole du poëte, aspirent à descendre.
La difficulté de trouver un bon roi constitutionnel n'est guère moindre que la difficulté de s'en
passer.

Aussi faut-il envisager sans appréhension, et surtout sans parti pris, le cas où l'État, faute d'un souverain convenable ou par la force des événements, revêt la forme républicaine. Il nous semble, il est vrai, qu'il manque alors un ressort important à la machine politique; nous cherchons des yeux avec regret cette espèce de tribun du peuple qui, sous le nom de roi, observe impartialement la représentation nationale, afin de la renvoyer devant les comices populaires aussitôt qu'il la croit oppressive ou engagée sur le chemin de l'oppression; mais, si la république n'a point de place pour cette utile magistrature, elle n'en est pas moins une forme de gouvernement très-acceptable et très-digne, une fois qu'elle existe, du concours fidèle et du respect sincère de tous les bons citoyens. J'appelle même expressément *bon citoyen* le Français qui ne repousse aucune des formes du gouvernement libre, qui ne souffre point l'idée de troubler le repos de la patrie pour ses ambitions ou ses préférences particulières, qui n'est ni enivré ni révolté par

les mots de monarchie ou de république, et qui
borne à un seul point ses exigences : que la
nation se gouverne elle-même, sous le nom de
république ou de monarchie, par le moyen d'Assemblées librement élues et de ministères responsables.

CHAPITRE VII

Parvenus par degrés au sommet de notre Constitution, depuis le suffrage universel jusqu'à
l'examen des attributions qui conviennent au
pouvoir suprême, nous devons maintenant étudier quelques questions importantes qui, sans
affecter directement la Constitution même, ont
une influence considérable, par la façon dont
elles sont résolues, sur la manière d'être et sur
le sort de la nation. La justice, la religion et la
guerre sont trois grandes fonctions sociales auxquelles nul État n'échappe, et par conséquent
trois grandes questions qui s'imposent partout

au législateur. On ne peut négliger non plus, nous ne le savons que trop, les garanties nécessaires au droit d'écrire. Voyons donc de quelles réformes la loi française est susceptible sur ces divers sujets, et parlons d'abord de notre organisation judiciaire et de la magistrature.

Il est admis d'un commun accord que les qualités les plus indispensables du magistrat consistent dans l'indépendance et les lumières. La possession d'un degré suffisant de lumières ne peut être assurée que par certaines limites imposées au choix de l'autorité, quelle qu'elle soit, à laquelle il appartient d'instituer le magistrat. Il importe donc, et sur ce point aussi l'accord est universel, que le magistrat ne puisse être choisi en dehors des hommes que leurs études spéciales, prouvées par des examens et des diplômes, ont rendus aptes à la saine application et, quand il le faut, à l'interprétation intelligente des lois. L'indépendance du magistrat est au moins aussi indispensable à l'ordre social et à la bonne administration de la

justice que sa compétence intellectuelle. Alors
même que le magistrat n'est presque toujours .
que le président d'un jury, comme il arrive en
Angleterre, au civil aussi bien qu'au criminel, il
importe qu'il soit indépendant, car la surveillance
générale des débats, leur résumé et la position
des questions à résoudre peuvent exercer sur
l'issue de toute lutte judiciaire une grande influence. Mais cette indépendance du magistrat
devient, s'il se peut, plus indispensable encore,
si ce magistrat est appelé par la loi à remplir les
fonctions d'un juré dans toutes les causes civiles
et dans une partie considérable des causes criminelles, comme il arrive en France, où les tribunaux civils et les tribunaux dits correctionnels
sont exclusivement remplis par des magistrats
qui siégent et décident sans l'assistance d'un
jury. Il est donc évident que l'indépendance du
juge est d'un plus grand prix encore en France
qu'en Angleterre, et, si l'on compare, à ce
point de vue, les deux pays, c'est dans le nôtre
qu'il y aurait certainement le plus grand intérêt

à la bien garantir. Or, ce qui décide de l'indépendance ou de la dépendance des fonctionnaires
de l'État dans toutes les branches du service
public, c'est le mode de nomination et d'avancement qui crée et régit les relations de ces divers
fonctionnaires avec le pouvoir. Examinons donc
à ce point de vue les relations de la magistrature
avec l'État.

Il n'y a que trois façons d'instituer les magistrats : ou bien le pouvoir exécutif les choisira et
aura le droit de récompenser à son gré leurs
services en les avançant dans leur carrière ; ou
bien le peuple les élira dans certaines conditions
qui peuvent varier selon les temps et les lieux ;
ou bien enfin leur nomination et leur avancement
se feront d'après un certain mode intermédiaire
dans lequel l'élection et le choix seraient unis et
combinés. Considérons rapidement ces trois hypothèses.

Le choix du magistrat par le pouvoir exécutif
et son avancement au gré de ce pouvoir constituent le système français, tel que nous le voyons

appliquer sous nos yeux. Il n'est pas besoin d'un
long examen pour reconnaître que ce système
ne peut assurer en aucune façon l'indépendance
des magistrats à l'égard du pouvoir exécutif,
puisque ce pouvoir a leur carrière dans sa main,
et qu'il décide souverainement de leur avenir.
L'*inamovibilité* est l'argument ordinaire des
défenseurs de ce système, et l'on soutient volontiers que l'inamovibilité est une garantie suffisante d'indépendance. Rien n'est pourtant moins
conforme à la logique et à la nature des choses.
Les serviteurs de l'État, autres que les magistrats, ne sont pas, comme eux, inamovibles, mais
ils peuvent, comme eux, recevoir de l'avancement. Tous les fonctionnaires, autres que les
magistrats, peuvent donc craindre à la fois de
ne point monter et de descendre. Or, qu'on se
demande lequel de ces deux mobiles agit le plus
efficacement sur l'âme des fonctionnaires amovi-
bles, et assure le mieux leur dépendance. Est-ce
la crainte de descendre, ou, comme l'on dit,
d'être destitué? Mais cette crainte est presque

nulle, parce que le fait de la destitution est infiniment rare. C'est la crainte de ne pas monter,
de ne pas avancer, qui est à la fois le frein du
fonctionnaire français et le stimulant toujours
actif de son zèle. De ces deux mobiles, ou, pour
mieux dire, de ces deux instruments de dépendance, la crainte de descendre et la crainte de ne
pas monter, notre organisation judiciaire supprime le premier et le plus faible pour laisser
pleinement subsister le second qui est non-seulement le plus fort, mais le seul efficace, et l'on
voudrait en conclure que cette organisation garantit suffisamment l'indépendance de la magistrature !... Cette assertion ne peut soutenir la discussion en théorie, alors même qu'on laisserait de
côté le témoignage décisif de l'expérience.

Si maintenant nous considérons les choses de
plus près, et si nous examinons la carrière du
magistrat français, nous verrons qu'il n'est pas
un seul instant de son existence où il n'ait à
désirer de monter et où il puisse monter sans
que le pouvoir exécutif veuille bien lui tendre la

main. Juge au tribunal de première instance, il
lui faut obtenir, ou du moins il peut désirer un
siége à la cour d'appel, dans cette cour une présidence, au-dessus de cette présidence la première présidence, ou, au-dessus de cette cour et
de cette première présidence même, un siége à
la cour de cassation ou dans le parquet de cette
cour, puis une présidence dans cette cour suprême, et enfin la première présidence et un siége
dans la Chambre haute. A côté de cette ascen-
sion en ligne droite, à laquelle tous les magistrats ne peuvent naturellement prétendre, se
trouvent, pour les ambitions secondaires, comme
des repos placés d'étage en étage, d'autres
attraits et d'autres satisfactions dérivant aussi du
pouvoir exécutif, et, par conséquent, non moins
contraires à l'indépendance du magistrat. C'est,
par exemple, la présidence des cours d'assises,
gage ordinaire d'une élévation future et occasion
d'une indemnité qui, pour les existences modestes
de la province, n'est pas toujours sans importance ; c'est encore la décoration ou l'avancement

11

dans la Légion d'honneur, dernière prise ména-
gée au pouvoir exécutif sur ceux-là mêmes qu'on
ne saurait autrement atteindre, soit que l'ambition leur fasse défaut, soit qu'on ne puisse décem-
ment les élever trop au-dessus de leur mérite. De
telle sorte que ce même magistrat français qu'on
peut à bon droit regarder comme matériellement
incorruptible et inaccessible à l'influence des parties en cause dans les conflits nés de l'intérêt privé,
est désarmé contre le gouvernement, et obligé,
comme tous les autres serviteurs de l'État, de
vivre en bonne intelligence avec le pouvoir exécutif, sous peine de sacrifier héroïquement sa carrière. Voilà le résultat inévitable de ce système,
et l'histoire, on le sait, ne dément en aucune façon,
sur ce point, les conclusions de la logique.

Ce système écarté, nous nous trouvons d'abord
en face du recrutement de la magistrature par
l'élection populaire, et nous reconnaissons sans
peine que ce second procédé est loin d'offrir de
meilleures garanties que le premier pour le bon
choix des magistrats, soit au point de vue des

lumières, soit au point de vue de l'indépendance.
Il est presque inutile de démontrer, d'une part,
que l'esprit de parti dicterait ordinairement les
choix de la majorité, et, d'autre part, que le
magistrat, dépendant des justiciables, serait trop
souvent incliné à sacrifier aux nécessités de sa
réélection future, ou à la gratitude pour son élection passée, le devoir de l'impartialité et les
intérêts sacrés de la justice.

Reste donc le troisième mode de recrutement
et d'avancement que nous avons défini comme un
mode intermédiaire dans lequel seraient combinés le choix et l'élection. Ce procédé est déjà en
vigueur en France pour d'autres corps que la
magistrature, et précisément pour certains corps
auxquels on a voulu assurer à la fois un recrutement éclairé et une indépendance raisonnable.
Le Collége de France et nos facultés universitaires ne se recrutent ni par la cooptation pure
et simple comme l'Institut, ni par le choix arbitraire du pouvoir exécutif comme notre magistrature; c'est un mélange des deux systèmes,

en ce sens que ces corps présentent au pouvoir exécutif, pour chaque vacance qui survient dans leur sein, un nombre très-limité de candidats parmi lesquels le ministre, investi du droit de nommer définitivement, est obligé de choisir. Cette excellente association de la cooptation et de l'élection semble adaptée mieux que tout autre système aux nécessités d'un bon recrutement pour la magistrature. Mais on peut élargir encore ce mode de nomination si l'on craint que l'esprit de corps, qui devient souvent trop exclusif, enferme dans des limites trop étroites les présentations qui seraient faites par la magistrature seule au pouvoir exécutif. Pourquoi, par exemple, ne pas associer certaines assemblées électives, et, par conséquent, mobiles dans leur composition et dans leur esprit, au droit de présentation qui serait conféré aux corps judiciaires? On ouvrirait ainsi une porte de plus au mérite, tout en prenant des garanties utiles contre les inconvénients éventuels de l'esprit de corps. D'après ce système, les conseils d'arrondissement pourraient présenter leurs candidats (deux candidats, par exemple) en même temps que le tribunal de première instance, au choix ministériel, pour les fonctions de juges de paix et pour le recrutement de ces tribunaux eux-mêmes ; les présentations des conseils généraux seraient faites de même à côté de celles des cours pour le recrutement des cours d'appel ; tandis que les cours d'appel, la cour de cassation et la Chambre haute seraient appelées à présenter de la même manière des candidats pour chaque vacance survenue au sein de la cour suprême. Enfin les cours d'appel et la cour de cassation choisiraient leurs présidents dans leur sein par la voie de l'élection.

Il y a, d'ailleurs, plus d'une façon de régler et de combiner l'action de ces corps électifs avec l'action des corps judiciaires de manière à présenter au choix du pouvoir exécutif, pour les divers degrés de la hiérarchie, un nombre très-limité de candidats parmi lesquels s'exercerait le choix du ministre, sous sa responsabilité devant les Chambres. On pourrait, par exemple, laisser le pouvoir exécutif maître de l'entrée dans la carrière, en lui abandonnant la nomination des juges de paix et des juges de première instance, et en ne faisant commencer l'intervention des doubles listes et de la double présentation par les corps judiciaires et par les corps électifs qu'à partir des cours d'appel. C'est ainsi que les choses se passent en Belgique.

Car ce système de recrutement et d'avancement par le mélange de la cooptation, de l'élection et d'un choix limité, laissé en dernier ressort au pouvoir exécutif, est si praticable, il se présente si naturellement à l'esprit lorsqu'on veut assurer l'indépendance de notre magistrature sans détruire les traits généraux de notre organisation judiciaire, que la Belgique, également jalouse de conserver cette organisation et de l'adapter aux nobles exigences d'une constitution libérale, a mis précisément ce procédé en usage et l'applique tous les jours avec autant de facilité que de profit. Il est surprenant que nous soyons restés si longtemps insensibles à un

exemple si décisif, et que le spectacle de nos
propres lois, ainsi corrigées et amendées, ait été
sur nous sans influence. C'est un frappant indice,
au milieu de tant d'autres, de notre inaptitude
aux réformes, qui se concilie si malheureusement
avec notre facilité à faire des révolutions.

Notre magistrature assise ainsi réformée en
ce qui touche l'avancement et le recrutement, il
ne serait pas inutile de tourner les yeux vers
les fonctions du ministère public et d'examiner
les améliorations qu'on peut y introduire. Nul
n'ignore comment se recrutent ordinairement nos
parquets, et comment cette porte d'entrée dans
la carrière judiciaire est assiégée de préférence
par les jeunes avocats qui se sentent hors d'état
de réussir par leurs propres forces, et qui ne
peuvent attendre leur fortune de la faveur publique. Qu'un père ait deux fils achevant leurs
études de droit, que l'un des deux possède des
facultés brillantes, une vive intelligence, une
parole facile, tandis que l'autre sera moins généreusement doué par la nature, et qu'on se de-

mande lequel des deux ce père prévoyant destinera au barreau, tandis qu'il dirigera l'autre vers le parquet, en le jugeant assez bon pour le service public? Tout le monde sait quel est en ce cas l'usage, et comment le moins capable de ces deux jeunes gens appartient presque de droit à la nation. Puis, dans le parquet même, se fait un second triage : ceux de ces aspirants magistrats qui donnent le moins d'espérances sont recueillis de bonne heure par la magistrature assise; ce qui n'est pas, on l'avouera, le meilleur moyen de la recruter, et ce qui est considéré par eux comme une sorte de disgrâce, car c'est, à leurs yeux, tourner court dans leur carrière; tandis que leurs collègues, plus heureux, s'élèvent, par les fonctions d'avocat général et de procureur général, vers la cour de cassation ou vers les premières présidences. Mais cette fleur du parquet qu'on retrouve plus tard au sommet de notre magistrature n'en garde pas moins la trace de son origine et peut rarement aller de pair avec les illustrations du barreau.

En Angleterre. non-seulement le juge n'est qu'un avocat éminent parvenu au terme de sa carrière, mais le soin de porter la parole au nom de l'État (lorsqu'il y a lieu que l'État fasse entendre sa voix dans une cour de justice) est confié aux membres du barreau les plus distingués par leur talent, et les plus considérés pour leur caractère. Ce choix de la couronne n'a rien de définitif ni d'obligatoire : il n'est que temporaire ; il n'est valable que pour une affaire ; il peut ne pas se renouveler, et n'enlève nullement à la carrière du barreau ni au service public celui qui en a été honoré ; mais ce choix n'en est pas moins recherché par les avocats comme une marque de confiance, comme une preuve de mérite et comme le gage d'un brillant avenir. Le titre de « conseil du roi » ou de « conseil de la reine, » ajouté à leur nom, est un titre d'honneur et une recommandation puissante auprès du public.

Il y aurait lieu d'examiner s'il ne serait pas utile d'introduire en France un usage analogue.

Certes l'institution du ministère public nous est indispensable, surtout au criminel, en ce qui touche l'initiative et la direction des poursuites, et il est impossible de s'en remettre en France, comme on le fait le plus souvent en Angleterre, à l'intérêt et à l'énergie de la partie lésée pour assurer la punition des coupables. Mais, si cette raison péremptoire défend contre toute tentative de réforme les fonctions de procureur général et de procureur impérial, elle ne justifie pas, au même degré, l'utilité de nos avocats généraux, et rien n'empêche de demander si l'on ne pourrait pas, avec avantage pour la chose publique, remettre aux chefs de nos parquets le droit et le soin de se faire assister ou représenter à l'audience par un avocat de leur choix qui, sans renoncer le moins du monde au barreau, aurait, ce jour-là, comme en Angleterre, l'État et la société pour clients. L'émulation et l'amour-propre, ces grands ressorts de notre caractère national, feraient bientôt rechercher par les jeunes avocats ces désignations momentanées comme un hommage rendu à leur talent et comme une promesse faite à leur ambition légitime. On aurait ainsi l'avantage de pourvoir à l'accomplissement de fonctions publiques importantes, tout en diminuant le nombre des fonctionnaires qui restent attachés indissolublement à l'État et qui s'en remettent à lui du soin de leur avenir ; d'un autre côté, ceux de ces avocats qui, ayant obtenu plusieurs succès de ce genre et ayant fait preuve de science légale et de discernement, aspireraient à un siége de magistrat, feraient d'excellents candidats pour ces doubles listes de présentation dont nous parlions tout à l'heure, et contribueraient efficacement au bon recrutement de la magistrature.

Après avoir indiqué quelques-unes des réformes dont notre organisation judiciaire nous paraît susceptible, il nous reste à examiner quelques points de notre procédure civile et criminelle.

La juridiction du jury, au civil comme au criminel, est certainement le dernier terme vers lequel doivent tendre les efforts du législateur,

et c'est seulement lorsqu'une nation s'administre
à elle-même la justice sous la direction de ses
juges, qu'on peut la considérer comme arrivée à
la plénitude de sa liberté et à la possession de
tous ses droits. Mais cette façon supérieure et
vraiment civilisée de rendre la justice peut rencontrer chez un peuple certains obstacles qui suf-
fisent pour le priver d'un tel avantage et d'un tel
honneur : ces obstacles sont le défaut de lumières
chez les citoyens ou leur inertie et leur indifférence pour le bien public. Leur inclination naturelle est alors de s'en remettre à des juges de
profession du soin de trancher leurs différends
civils et souvent même leurs affaires criminelles ;
et l'on ne peut nier qu'en agissant de la sorte ces
nations ne consultent leur intérêt véritable, puisqu'après tout elles pourvoient bien ou mal à l'accomplissement d'une fonction et d'un devoir dont
elles se sentent incapables, et que la justice la
plus imparfaite vaut mieux en ce monde que
l'absence de justice.

Ce serait pourtant mal connaître la nation

française et lui faire injure que de la croire dénuée d'une intelligence suffisante et d'un amour
assez vif du bien public, pour qu'elle ait le pouvoir et la volonté de se rendre à elle-même la
justice civile et criminelle, comme cela se fait en
Angleterre. Ce qui arrête la France sur ce chemin, c'est la force de l'usage, c'est le poids d'une
habitude plus que séculaire, et l'extrême difficulté
qu'on éprouve à convaincre l'esprit français de
la nécessité d'une réforme. Nous possédons
pourtant dans nos tribunaux de commerce le
germe de la juridiction du jury en matière
civile ; et si l'institution des *jurys spéciaux* était
mieux connue en France, si l'on savait mieux
comment elle s'applique et fonctionne en Angleterre, on s'effrayerait moins de bien des difficultés
apparentes qui, chez nos voisins, sont surmon-
tées tous les jours.

En dehors même des *jurys spéciaux* convoqués pour les affaires qui exigent des connais-
sances particulières, il suffit de deux conditions
pour rendre un jury ordinaire capable de décider

avec connaissance de cause et avec pleine effica-
cité les différends civils : 1° la première condition est de distinguer dans chaque affaire lè point
de fait du point de droit, afin de laisser la question de fait à la décision souveraine du jury, tandis que la question de droit serait tranchée par le
juge, dont la décision pourrait seule être frappée d'appel devant un tribunal supérieur ; 2° la
seconde condition est de ramener, autant que
possible, tout différend civil à une question de
dommages et intérêts, parce que c'est sous cette
forme qu'un jury peut le plus aisément faire connaître son impression et assurer l'exécution de sa
volonté.

Le juge anglais n'est, en matière civile, qu'un
guide impartial et un conseiller éminent qu'on
peut considérer comme accrédité auprès du jury
par la couronne ; il définit exactement la question à résoudre, il fait clairement connaître l'état
de la loi ; il dirige le débat sans y prendre
part, de manière à mettre les faits importants en
pleine lumière ; puis il avertit le jury que, si tel

fait lui paraît constant, c'est en faveur de telle
partie que, *d'après la loi,* son verdict doit être
rendu. Le jury prononce alors ce verdict en ces
termes concis : *Pour le demandeur* ou *pour le dé-
fendeur ; dommages : tant.* C'est donc dans ce
chiffre des dommages que se trouve la sanction
du verdict, et l'on ne saurait imaginer, si l'on n'a
pas suivi de près l'application de ce système,
avec quelle souplesse ce chiffre se prête au redressement de tous les genres de tort et aux exigences
les plus variées de la justice. Non-seulement la
plupart des différends qui portent sur un intérêt
matériel s'accommodent à merveille de cette forme
du dommage, et sont conduits de la sorte à une
solution équitable ; mais nombre de questions de
l'ordre moral peuvent être amenées de la même
manière à un dénoûment qu'approuve le sentiment
de la justice et que sanctionne la conscience publique. Tels sont, par exemple, ces verdicts flétris-
sants, quoique sans commentaires, et accompagnés
de lourds dommages, qui frappent ordinairement
l'homme coupable d'avoir abusé de la crédulité

féminine par une fausse promesse de mariage;
tels sont encore ces verdicts qui, dans les affaires
de diffamation, tout en condamnant le diffamateur, expriment, par l'infinie variété du chiffre
des dommages, depuis un liard (*one farthing*)
jusqu'aux sommes les plus considérables, l'impression exacte que l'ensemble de l'affaire et la
conduite respective des deux parties ont produite
sur l'esprit du jury. L'esprit français est plus
capable encore que l'esprit anglais de ce vif sentiment de l'équité et de cette juste appréciation
de toutes les nuances qui trouvent dans le chiffre
mobile de dommages et intérêts leur expression
la plus commode et la plus sûre. Nous abandon-
nerions donc avec pleine confiance à un jury, tantôt spécial et tantôt ordinaire, selon la diversité
des matières, le jugement de toutes les affaires
où l'on peut aisément séparer le point de fait du
point de droit, et qu'on peut faire aboutir à une
question de dommages et intérêts, c'est-à-dire
qui peuvent se résoudre par la fixation d'une indemnité pécuniaire; et nous croyons que cette nou-

velle administration de la justice civile entrerait
si aisément dans les mœurs publiques, et y trou-
verait une telle faveur, qu'on s'étonnerait d'avoir
pu si longtemps en tolérer une autre.

Mais ce qui est plus urgent et plus facile,
c'est la réforme de quelques parties de notre
procédure criminelle, qui est restée, au plus haut
degré, empreinte des traditions de l'ancien régime. Pour établir quel doit être le principe de
cette réforme, il faut d'abord se rendre compte
de l'objet de la procédure criminelle en général,
et des nécessités qui la dominent. Il est évident
que la découverte et le châtiment des coupables
sont l'objet particulier et principal de la procédure criminelle ; c'est sa raison d'être, à vrai
dire ; il faut donc se garder d'abord de tout ce
qui pourrait gêner son action au point de la rendre
inefficace. D'un autre côté, il n'est pas d'un moins
grand intérêt pour les citoyens et pour la société
elle-même que l'innocence soit le moins possible
en péril, que toutes les chances d'erreur soient
écartées, que rien ne porte atteinte dans l'in-

struction et dans les débats soit aux garanties
qu'on doit aux accusés, soit à la dignité et à l'humanité qui conviennent à la justice, surtout chez
les nations libres.

Ces deux intérêts sont-ils inconciliables? Est-il
nécessaire d'enlever à la sûreté de la société tout
ce qu'on accorde à la sûreté personnelle du citoyen accusé, et tout ce qu'on ajoute en douceur
et en dignité à l'administration de la justice? Il
serait absurde de le prétendre. L'expérience et
la raison prouvent, au contraire, que l'ordre est
mieux assuré, le crime plus certainement atteint
et la loi plus obéie chez les peuples qui ont beaucoup fait pour adoucir et ennoblir l'administration
de la justice criminelle que chez ceux où cette
justice, exigeante et impérieuse, semble moins
accomplir un devoir que rechercher les satisfactions de la vengeance. Emprisonne-t-on moins
de voleurs, punit-on moins de meurtriers en Angleterre, où l'accusé est protégé par des garanties
surabondantes, qu'en France, où les garanties
nécessaires et surtout l'apparence des garanties

lui font défaut? Et ce n'est pas répondre à la
question que de comparer certains défauts incon-
testables ou certaines lacunes évidentes de la
juridiction criminelle anglaise avec certaines qualités de la nôtre ; comme on le fait volontiers,
par exemple, en disant que les Anglais n'ont
point de ministère public et laissent échapper
bon nombre de délits, parce que la partie lésée
ne se soucie point de les poursuivre. Il y aurait
d'abord fort à dire sur cette assertion trop générale; mais supposons un instant qu'elle soit fondée,
comme rien n'empêche que l'existence nécessaire
de notre ministère public ne se concilie parfaite-
ment avec l'établissement et la jouissance des
principales garanties de la procédure criminelle
anglaise, ce n'est point sur cette question res-
treinte du nombre des poursuites qu'il faut faire
porter la comparaison, mais sur le résultat final
de ces poursuites, qui, une fois engagées, se
continuent et s'achèvent dans des conditions si
différentes. Considérons donc l'accusé une fois
qu'il est pris dans l'engrenage de l'un ou de

l'autre système, et voyons si l'intérêt social est
sacrifié par les garanties qu'il rencontre dans
l'un et qui lui font défaut dans l'autre.

Parlons premièrement de l'accusé français.
En général, il disparaît d'abord de la société et
est mis à part pour les besoins de la justice, sauf
le cas où la liberté provisoire lui est accordée
par la décision spontanée du juge, qu'une loi
récente et bienfaisante exhorte, il est vrai, à
laisser, autant que possible, l'accusé jouir de sa
liberté pendant l'instruction préparatoire. Cette
instruction, débris presque intact de l'ancienne
procédure inquisitoriale, est secrète; elle a pour
but déclaré et constant de simplifier la question
à résoudre par l'obtention de l'*aveu* de l'accusé,
et ce but, la recherche de l'aveu, qui reste
le même jusqu'à la fin des débats, domine en
général toute notre procédure criminelle. Cette
instruction se poursuit donc dans le mystère, par
le moyen d'interrogatoires directs, pressants et
renouvelés, auxquels un greffier assiste seul avec
le juge. Aucun défenseur, aucun conseil n'y est

admis ; l'œil du public n'y peut pénétrer, et l'accusé peut, à la rigueur, être privé, pendant tout le cours de cette instruction, de toute communication avec ses semblables. Cet absolu secret de l'instruction paraît nécessaire au juge français dans l'intérêt de la société, qui semble mieux armée de la sorte contre les ruses de la défense, et, ajoute-t-on, dans l'intérêt de l'accusé lui-même, puisque, pouvant être renvoyé de l'accusation avant tout débat public par une ordonnance de non-lieu, il ne voit pas sa réputation entamée par des charges diffamatoires que ce genre d'instruction laisse ensevelies dans l'ombre.

Cette instruction une fois terminée, le débat public commence, et l'on peut dire que, sauf des exceptions d'autant plus honorables qu'elles sont rares, l'accusé français, quel qu'il soit, rencontre aussitôt deux adversaires : le ministère public et le président. Si l'exception est rare, c'est que le président est, presque malgré lui, entraîné dans ce rôle d'adversaire par l'interrogatoire qu'il fait subir à l'accusé et par cette recherche obstinée de l'*aveu*, qui est le fléau traditionnel de notre procédure. L'interrogatoire de l'accusé, tel qu'il se pratique dans nos cours de justice, n'est nullement imposé par le texte de la loi. Nos meilleurs jurisconsultes assurent que la loi serait satisfaite si le président se bornait à examiner l'accusé sur son identité et sur son intention de nier ou d'avouer les faits qu'on lui reproche. Quoi qu'il en soit, l'interrogatoire de l'accusé est devenu, dans l'usage français, une des phases les plus importantes des débats : le meilleur président, aux yeux du vulgaire, est celui qui sait le plus habilement embarrasser l'accusé et tirer de son trouble des réponses compromettantes pour lui, ou du moins, contradictoires et contraires à l'intérêt de sa défense. C'est encore le président qui interroge directement les témoins tant à charge qu'à décharge, et il reprend, à propos de leur témoignage, l'interrogatoire de l'accusé autant de fois qu'il le croit nécessaire. Il dirige donc les débats plutôt qu'il ne les préside ; il les tient dans sa main, pour ainsi dire, il les conduit à son gré, c'est sa voix qui sans cesse s'élève et se fait entendre, et tous les autres rôles dans cette lutte judiciaire deviennent accessoires auprès du sien. Enfin il résume l'affaire, reproduit les arguments des deux parties, insiste sur ceux qu'il préfère, et s'efforce d'influencer, dans le sens qui lui plaît le mieux, la décision du jury.

Lorsqu'on examine l'ensemble de cette procédure, il est impossible de ne pas reconnaître qu'à l'exception de l'intervention finale et décisive du jury, qui est le refuge suprême de l'accusé, les intérêts de l'accusation sont beaucoup mieux servis et protégés que les droits de la défense. Ou plutôt l'idée du *droit* individuel, c'est-à-dire de cette lutte à armes égales que les Anglais appellent *fair play* (franc jeu), entre l'accusation et la défense, est étrangère à l'idée de cette procédure. Dès le début, ce système livre sans réserve l'accusé à l'accusateur, le séquestrant, si on le veut, de la société des hommes, le privant de toute assistance légale, l'obligeant à devenir un témoin contre lui-même, et faisant de son trouble, de sa solitude, de son découragement, autant de moyens d'information.

Tout cela peut être habilement calculé dans l'intérêt de l'accusation ; mais que devient le droit de l'accusé ? Pourquoi peut-il être privé prématurément de sa liberté, si on a la certitude morale ou la garantie matérielle qu'il ne se dérobera pas à la justice ? Pourquoi est-il privé de l'assistance d'un défenseur quand son accusateur est muni de toutes les lumières du droit et de tous les conseils qui peuvent lui paraître nécessaires ? Pourquoi enfin un secret absolu couvre-t-il également les charges qu'on fait peser sur lui, et l'exposé de ses moyens de défense ? Sur ce dernier point, on fait du moins remarquer que l'accusé peut avoir au secret de l'instruction le même intérêt que l'accusation, parce que, si une ordonnance de non-lieu intervient en sa faveur, les charges qui ont un instant pesé sur lui restent secrètes. Mais cette assertion n'est pas exacte ; un citoyen renvoyé de l'accusation par une ordonnance de non-lieu est absous aux yeux de la loi, mais il n'est nullement réhabilité, par là même, aux yeux du public ; nul n'ignore l'accusation flétrissante qui l'a mis en danger, tandis que les causes qui l'ont rendu libre demeurent, après l'instruction secrète, couvertes d'un mystère qui autorise toutes les conjectures. Est-ce son innocence évidente qui l'a sauvé, ou l'indulgence du magistrat, ou la difficulté d'établir matériellement certain fait probable, ou l'impossibilité de faire tomber exactement ce fait sous le coup de la loi ? La poursuite, ainsi menée, laisse presque toujours sur le nom de celui qu'elle a menacé une tache plus ou moins fâcheuse qu'une ordonnance de non-lieu n'efface point.

Pourquoi enfin, et voici la question la plus grave, cet accusé est-il interrogé contre lui-même, c'est-à-dire sommé de se perdre par sa propre bouche, contre tous les instincts et contre tous les droits de la personne humaine s'il est coupable, et exposé à se mettre lui-même en péril par ses réponses maladroites s'il est innocent ? Cette dernière supposition est-elle d'abord une pure hypothèse ? N'a-t-on jamais vu d'innocent

compromis, et même, s'il faut tout dire, condamné par suite du préjugé qu'avaient créé
contre lui des réponses troublées, incohérentes
sur des faits oubliés, sur des dates anciennes ou
même des réponses mensongères que son ignorance ou son trouble lui a fait paraître nécessaires à son salut? Car c'est un fait avéré que
l'innocent, trop pressé de questions, en arrive
souvent à mentir, soit qu'il s'imagine que la vérité mal comprise peut le perdre, soit que, par
une sorte d'exagération naturelle et de penchant
aux représailles, il prenne le parti de dérober la
vérité à ceux qui s'obstinent à le faire déposer
contre lui-même. Et je ne parle pas ici de ces autres
innocents qui, même de nos jours, ont fini par
se déclarer faussement coupables pour échapper
à tout prix, par ce mensonge désespéré, au sup-
plice prolongé de la séquestration dans la solitude et de la persécution incessamment renouvelée des interrogatoires [1].

1. Voir l'*Affaire Doize*, dans nos *Essais de politique et de litté-*
rature, IIIe série, page 153.

Supposons maintenant qu'il s'agisse d'un coupable. D'où vient la prétendue nécessité de l'interroger ? De deux choses l'une : ou bien les faits recueillis et les témoins entendus mettent suffisamment sa culpabilité en lumière, et alors où est le besoin de lui arracher par ruse ou par contrainte l'aveu superflu de son crime ? ou bien les faits et les témoignages ne peuvent établir sa culpabilité. et l'aveu qu'on poursuit a pour but de suppléer au défaut de preuves ; mais alors on s'engage précisément sur ce même chemin qui conduisait notre ancienne justice à l'emploi de la question et des tortures. Il s'agissait, alors comme aujourd'hui, de simplifier la procédure, de lui faire franchir un obstacle et de suppléer par l'obtention de l'aveu à une instruction impuissante ou incomplète ; la *question* n'était qu'une manière de trancher violemment ce nœud gordien que l'œuvre propre de la justice est de dénouer avec un zèle habile. Ce système était du moins logique et pouvait avoir quelquefois un résultat utile, parce qu'on le poussait jusqu'au bout ; mais, aujourd'hui qu'on s'arrête forcément à mi-chemin, et que l'interrogatoire d'un accusé contre lequel les preuves sont insuffisantes ne peut aller jusqu'à la violence, cet interrogatoire, dénué de son ancienne sanction et de son dénoûment redouté, demeure le plus souvent inutile. Cette tentative pour suppléer par l'obtention de l'aveu au défaut de preuves ou à leur insuffisance n'aboutit ordinairement, dans nos débats judiciaires, qu'à une lutte inconvenante entre un président résolu de faire parler l'accusé, et cet accusé convaincu à bon droit que son intérêt suprême est de se taire ou de mentir.

La raison nous montre donc, d'accord avec l'expérience, que cette recherche de l'aveu est superflue dans les affaires non douteuses, et que dans les affaires où l'aveu seul pourrait faire la lumière, la poursuite obstinée de cet aveu ne conduit qu'à un assaut de ruse et de mensonges entre le magistrat et l'accusé, lutte déplorable dont l'humanité est souvent absente, et dont la dignité de la justice sort rarement sans blessure.

Nous reconnaissons si bien à l'accusé, pressé de la sorte de compléter contre lui-même une instruction insuffisante, un intérêt considérable et un droit naturel à mentir, que nous n'osons pas du moins exiger de ce témoin captif, invoqué contre lui-même, le serment qui est imposé à tous les autres ; tant il est évident que, tout en lui demandant impérieusement la vérité, nous sentons après tout que ce n'est pas de lui qu'il serait sage et juste de l'attendre ! L'ancienne procédure, dans sa logique impitoyable, exigeait de l'accusé ce serment tout d'abord, et, comme pour donner à ce mode d'interrogatoire un prélude qui allât de pair avec son affreux dénoûment, la question était alors dignement précédée par le parjure. Aujourd'hui, il ne reste plus qu'un débris de ce système complet et terrible qui a jadis forcé tant de consciences, et c'est un débris aussi inutile à la défense de la société que malséant aux mains de la justice : cet interrogatoire qui n'ose plus exiger la vérité sous serment, qui ne peut plus arracher l'aveu par la force, et qui n'a plus d'autre ressource que la séquestration, l'entêtement et la ruse, ressemble à une épée qui aurait perdu sa poignée et sa pointe.

En revanche, l'interrogatoire du témoin est de la plus grande importance, car, si l'accusé ne doit parler que quand il lui plaît, et ne dire que ce qu'il veut, la vérité doit venir d'ailleurs, et c'est aux faits et aux témoins qu'il la faut demander. Mais qui doit interroger ces témoins, et qui peut les interroger le plus utilement et le plus convenablement pour les fins de la justice? Dans les débats de nos audiences, c'est au président qu'est confié cet interrogatoire. Les parties n'y jouent qu'un rôle secondaire, n'y prennent part qu'après lui, et leurs questions mêmes doivent passer par sa bouche. La supposition qui sert de base à ce système est la même que celle qui nous a fait supporter l'interrogatoire des accusés : c'est cette idée, éminemment fausse, qu'un interrogatoire peut être conduit par la même personne, tant à charge qu'à décharge, avec une impartialité parfaite. Rien n'est moins conforme que cette supposition à la nature humaine et à la nature des choses. Un interrogatoire est toujours et nécessairement partial, parce qu'il suppose chez celui qui y procède une opinion acquise sur la vérité, et le dessein bien naturel de la mettre en lumière.

La nature des questions, l'ordre qu'on leur donne, le but vers lequel on les fait tendre, impliquent nécessairement chez celui qui les pose l'adoption préalable d'un système, et il faut bien que ce système domine l'interrogatoire, qui sera d'autant plus partialement conduit que la bonne foi de l'auteur des questions sera plus entière. En conséquence, lorsque nous donnons au président le principal rôle dans l'interrogatoire des témoins, nous ne faisons pas autre chose que de le convier à exprimer son opinion sur le fond de l'affaire, et, pour qui connaît la nature humaine, nous l'invitons de la sorte à faire triompher cette opinion en même temps qu'il la fait connaître. C'est aussi ce qui arrive, et dans le plus grand nombre de ces débats on voit nos présidents prendre honnêtement et ouvertement parti pour

le système de l'accusation dès le début de ces
interrogatoires ; sans parler de ceux de ces magistrats qui, s'échauffant sous le harnais, pous-
sent jusqu'à l'excès cette partialité inévitable, en-
trent en lutte ouverte avec les témoins, et les
malmènent avec violence lorsqu'ils ne peuvent
tirer d'eux ce qu'ils veulent. Ce spectacle n'est
pas rare ; il ne s'accorde guère avec l'impartialité qu'en théorie, et par une contradiction singulière, nous continuons à exiger de nos présidents,
et il s'accorde moins encore avec la dignité soutenue qui convient à une cour de justice.

Si pourtant ces trois usages de notre procédure
criminelle : instruction secrète contre un accusé
privé de défenseur, interrogatoire de l'accusé
pendant l'instruction et pendant les débats, interrogatoire des témoins par le président, étaient
indispensables à l'accomplissement de l'œuvre
judiciaire ; si la modification de ces trois usages
mettait en péril cette répression presque assurée
des délits, sans laquelle une société policée ne
saurait vivre, il faudrait bien endurer et consi-

dérer avec patience ces dérogations au droit naturel et cette inévitable diminution de la dignité
de la justice. Mais c'est un préjugé trop répandu
dans notre pays que de croire ces procédés nécessaires, et c'est par paresse d'esprit et par
timidité de caractère que nous y restons obstinément attachés. Nos voisins s'en passent, et
l'œuvre de la justice (sauf, comme nous l'avons
dit, en ce qui touche l'initiative des poursuites,
ce qui est une question toute différente), ne s'ac-
complit pas chez eux avec moins de rapidité et
de sûreté que parmi nous. 1° L'instruction publique
et contradictoire est chez eux la règle; on n'y
déroge que dans des circonstances rares et dans
le cas de nécessité absolue; 2° la loi proscrit
tout interrogatoire de l'accusé, depuis le début
jusqu'au dernier terme de la procédure; 3° le
président n'intervient dans l'interrogatoire des
témoins que par exception, et laisse tour à tour
aux deux parties en présence le soin de le conduire. chacune dans son sens et dans son intérêt.

On fait ordinairement deux objections contre

13

l'instruction publique et contradictoire telle que
les Anglais la pratiquent : on lui oppose l'intérêt
de la vérité dont la manifestation est, dit-on,
compromise par ce mode de procéder, et aussi
l'intérêt de l'accusé innocent dont la réputation
peut avoir à souffrir de la divulgation des faits
qui lui sont imputés à tort. Nous avons déjà ré-
pondu à cette seconde objection ; nous avons
montré combien la situation morale de l'accusé
français, resté suspect au public, après une ordonnance de non-lieu dont l'instruction secrète
couvre les vrais motifs, est moins avantageuse
que la situation de l'accusé anglais qui, ayant
publiquement confondu ses accusateurs, sort du
prétoire « sans une tache sur sa réputation, »
without a stain on his character, selon la formule
ordinairement employée par le juge. Certes, l'accusé anglais publiquement poursuivi, et renvoyé
de l'accusation avec cet éclat réparateur, n'échan-
gerait pas, sans y perdre, sa position contre celle
de l'accusé français, échappé on ne sait trop
comment ni pourquoi des mains de la justice.

Quant à la manifestation de la vérité, en quoi
l'instruction publique et contradictoire lui fait-
elle obstacle? Ce n'est pas apparemment sans
quelques faits constants ni sans un commencement de preuves que sont intentées les poursuites; ce sont ces faits et ce commencement de
preuves qu'immédiatement l'accusation doit produire, et qu'immédiatement l'avocat de l'accusé
peut chercher à détruire. On sait comment pro-
cèdent nos voisins en pareille matière : si ce premier effort de l'instruction est insuffisant pour
aboutir dans un sens ou dans l'autre; si le juge,
spectateur de ce premier conflit entre l'accusateur
et l'accusé, craint, en se décidant trop tôt, de
laisser échapper un coupable ou de faire com-
paraître inutilement un innocent devant le jury,
il ajourne à huit jours les parties en cause, afin
que l'accusation et la défense aient le temps de
se mieux armer et de réunir des moyens de con-
viction plus efficaces. Pendant ces huit jours, les
investigations se poursuivent de part et d'autre
en silence, et c'est seulement lorsque le résultat

de ces nouvelles recherches est apporté devant
le juge, que la publicité se renouvelle. Enfin ce
juge en sait assez, ou bien il eesse d'espérer
qu'on puisse en apprendre davantage; il se prononce donc, selon les circonstances, soit pour la
mise en liberté de l'accusé, qui garde son recours contre l'accusateur, soit pour le renvoi ul-
térieur de l'accusé devant le jury, si l'on a produit contre lui des charges suffisantes.

Mais, quelle que soit l'issue de ce premier
combat entre l'accusation et la défense, ce combat s'est livré en pleine lumière, sous l'œil vigi-
lant de la presse, à armes égales entre les parties, et sans que l'accusé puisse prétendre un
seul instant qu'on ait usé à son égard d'intimidation ou de finesse. Car non-seulement il a été
assisté d'un conseil et a pu à son gré produire
ou réserver ses moyens de défense, mais aucune
question ne lui a été faite, et, si de lui-même il
veut parler, la loi, respectant jusqu'à l'excès son
silence, ordonne au magistrat de l'avertir qu'en
parlant il peut se perdre, et que l'accusation a le

droit de recueillir tout ce qui pourrait lui échapper contre lui-même. Et, lorsque vient l'heure solennelle du jugement par jurés, lorsque ce même accusé est, selon la loi, mis en demeure de déclarer s'il entend plaider *coupable* ou *non coupable,* s'il répond à cette question unique par l'aveu spontané de son crime, loin de se jeter sur cet aveu comme sur une sorte de butin conquis par la justice, le président l'exhorte à bien peser le poids de cet aveu, en lui laissant toute liberté de le reprendre : « Ce n'est pas seulement de la question de fait qu'il s'agit, dit alors le juge; vous pouvez avoir commis le fait, et votre intention peut cependant excuser ou atténuer votre faute; en vous déclarant *coupable,* vous tranchez les deux questions contre vous-même; vous ferez donc mieux de plaider *non coupable,* afin de laisser à vos concitoyens le droit entier d'apprécier votre conduite et de fixer votre sort. » Voilà donc comment l'aveu, ce même aveu qu'on poursuit chez nous avec une ardeur si intempérante, est accueilli le plus souvent dans une cour de

justice anglaise. Non-seulement la loi ordonne
de s'en passer et de chercher dans les faits constants et dans les témoignages sincères une
lumière plus pure; mais, si cet aveu se produit
malgré tout, on cherche à l'éviter parce qu'on
s'en défie comme d'un trouble de la conscience
et d'une cause possible d'erreur, parce qu'il ressemble à un acte de suicide, et parce que la justice craint d'errer et de mal faire en acceptant,
contre l'instinct de la nature et contre le vœu de
la loi, le concours de l'accusé contre lui-même.
Que l'on compare sans prévention cette façon
d'agir avec cette poursuite incessante de l'aveu
qui est le fond de notre procédure, et que l'on se
demande lequel des deux moyens est le plus
digne d'un peuple libre, le plus ménager des
droits du citoyen, le plus respectueux pour la
personne humaine, et le plus propre enfin à
maintenir la dignité de la justice.

Si l'accusé ne peut être interrogé ni avec con-
venance ni avec profit, les témoins doivent l'être,
et nous avons dit pourquoi il est regrettable que

chez nous le président soit chargé de cet interrogatoire. Interroger un témoin, c'est en effet
montrer sa propre opinion sur l'affaire par ses
questions mêmes, et c'est en même temps pousser l'affaire dans un sens déterminé, soit vers la
condamnation, soit vers l'acquittement. La loi
anglaise, d'accord sur ce point avec la nature des
choses, reconnaît que l'interrogatoire d'un témoin
ne peut être que partial, et, acceptant franchement cette partialité inévitable, elle en tire ingé-
nieusement profit pour faire jaillir, de ce conflit
des intérêts et des opinions dans l'interrogatoire,
la manifestation de la vérité. Elle livre en effet
le témoin aux représentants des deux parties qui
l'interrogent tour à tour, et arrachent de lui
tout ce qu'elles peuvent à l'appui des deux hypothèses de la culpabilité de l'accusé et de son
innocence. L'accusation appelle donc d'abord ses
témoins, et, après qu'elle a interrogé chacun
d'eux à son point de vue, elle l'abandonne sur-
le-champ aux questions faites en sens opposé
par la défense.

Quand l'accusation a de la sorte épuisé ses témoignages que la partie adverse a, chemin faisant, ébranlés de son mieux, la défense produit à son tour ses témoins, qui sont, dans le même ordre, interrogés par elle et contre-interrogés par l'accusation.

Cet interrogatoire et ce contre-interrogatoire des témoins n'est point, dans l'art des avocats anglais, une moins grande partie que le discours, et c'est par ce chemin aussi bien que par l'éloquence que les plus habiles d'entre eux s'élèvent à la réputation et à la fortune. Quant au président, véritable juge du camp, siégeant au-dessus de cette libre arène, investi du droit discrètement exercé d'arrêter une question inconvenante ou inutile, ou de poser en cas d'oubli une question indispensable, il surveille tout le débat avec une impartiale autorité, et sa parole est d'autant plus respectée que sa voix est plus rarement entendue. On peut dire qu'entre le rôle et l'attitude de ce président et le rôle et l'attitude des nôtres, il existe à peu près la même différence

qu'entre un souverain constitutionnel, simple
gardien des lois, élevé au-dessus des partis, et
notre souverain responsable, légalement mêlé
au conflit des factions et exposé à tous leurs
coups. Et, qu'il s'agisse des affaires de la justice ou de celles de l'État, aucun esprit bien
ordonné n'hésitera dans son choix entre les deux
systèmes.

Nous arrêtons ici cette esquisse des principales
réformes qu'on peut introduire soit dans notre
organisation judiciaire, soit dans notre administration de la justice. Certes, nos vœux vont
plus loin que ces réformes, et, quand nous considérons les prodigieux changements que la rapidité et la facilité des communications ont déjà
opérés dans la société française, nous ne pouvons
nous empêcher d'espérer que la justice se ressen-
tira à son tour de cette transformation générale.
Quand le jury sera en possession des causes
civiles aussi bien que des affaires criminelles,
pourquoi ne verrait-on pas nos juges réduits à
un petit nombre (vingt-cinq, par exemple), et

d'autant mieux choisis qu'ils seraient moins
nombreux, aller deux par deux, à certaines époques fixes, ténir dans les chefs-lieux de ressorts
de doubles assises, comme cela se fait en Angleterre? L'arrivée de ces deux juges, le plus
souvent illustres, est un événement considérable
pour les cités anglaises. Les administrateurs de
la cité les reçoivent avec pompe; la ville s'ho-
nore de leur offrir une hospitalité libérale, et,
lorsque, s'étant partagé leur tâche, ils président,
l'un les jurys civils, l'autre les jurys criminels,
et conduisent en même temps à son terme, chacun de son côté, l'œuvre sainte de la justice, tous
les regards sont fixés sur eux, toutes les oreilles
sont attentives à recueillir leurs moindres pa-
roles. On sent alors que, si leur pouvoir est limité
en fait par la souveraineté du jury, il n'est point
de limite à l'autorité morale qu'ils exercent ni au
respect qu'ils inspirent; car ils sont la représentation vivante de la science juridique, de l'indépendance absolue, de l'amour désintéressé du
bon droit, c'est-à-dire des qualités les plus in-

dispensables à l'administration de la justice, ou,
ce qui revient au même, au maintien de la paix
sociale. Et, lorsqu'on songe que nos lois civiles
sont en général plus claires et plus équitables
que celles de nos voisins d'outre-Manche, comment ne pas nous réjouir d'avance de la supé-
riorité que nous aurons conquise, le jour où nous
les aurons égalés pour tout le reste, en nous
appropriant ces grands traits de leur procédure
et de leur organisation judiciaire?

Mais, en attendant ce jour, ce serait déjà un
progrès considérable que de modifier, à l'exemple de la Belgique ou à l'aide de quelque combinaison analogue, le mode de recrutement et
d'avancement dans notre magistrature ; que d'associer le barreau dans une certaine mesure à l'œuvre du ministère public ; que de développer la
juridiction du jury au civil, juridiction dont le
germe est déjà contenu dans nos tribunaux de
commerce ; que de réformer enfin notre procédure criminelle en ce qui touche l'instruction
secrète, l'interrogatoire de l'accusé et le mode

d'interrogatoire des témoins. Ces premières et urgentes réformes une fois accomplies, on pourrait s'en remettre pour le reste au temps et à l'expérience.

CHAPITRE VIII

L usage de la presse périodique est si profon-
ément entré dans les mœurs des peuples modernes, et particulièrement de la France, qu'il
n'est plus au pouvoir d'aucun gouvernement ni
d'aucune révolution de l'anéantir. La presse peut
exister de bien des manières et nous offrir encore
des spectacles bien divers, depuis l'oppression
absolue où elle languissait sous le premier Empire jusqu'à cette licence effrénée des premiers
mois de 1848, dont nos contemporains ont gardé
le souvenir; mais elle ne peut cesser d'être. Le
Français le plus malveillant pour la presse, le

moins soucieux de la liberté, ne peut se passer
d'avoir chaque jour sous les yeux cette collection
de nouvelles du dedans et du dehors, accompagnée au moins de quelques commentaires, écho
plus ou moins voilé de ses réflexions personnelles.
Enfin le commerce et l'industrie ne peuvent plus
se passer désormais de la publicité de la presse
qui est, à ce point de vue, un des instruments les
plus indispensables du travail national.

Quant aux services que la presse ne cesse de
nous rendre, même lorsqu'elle nous fait expier
le plus chèrement ses bienfaits, l'habitude nous
empêche de les voir, mais la plus légère réflexion
nous les rappelle. La crainte que nous inspirent
le contrôle et le jugement de nos semblables a
sur nos actions un pouvoir au moins égal à celui
de notre conscience; il est même un grand nombre d'hommes à qui cette crainte salutaire tient
lieu du sentiment du devoir, imparfaitement dé-
veloppé par l'éducation ou amorti par les difficultés de la vie. La presse n'est autre chose que
ce contrôle et ce jugement public, se produisant

avec une puissance et une continuité inconnues
aux générations qui nous ont précédés dans ce
monde. Elle tend à rendre, par le fait seul de
son existence, les crimes des particuliers plus
rares, les grandes iniquités de l'État plus difficiles, les dénis de justice en matière criminelle
et l'inégalité des citoyens devant la loi pénale
presque impossibles. Enfin on ne peut juger
équitablement la presse si l'on n'a point présent
à l'esprit, en regard du mal qu'elle fait trop souvent, le mal qu'elle prévient ou réprime tous les
jours.

Le mal que la presse peut produire peut venir
de deux causes bien différentes : la presse est
dangereuse lorsque, n'ayant aucune répression à
craindre, elle sert d'instrument presque irrésistible aux mauvaises passions de tous les genres;
mais elle n'a pas une influence moins funeste
lorsque, opprimée ou insuffisamment libre, elle
n'est qu'un instrument dans la main du pouvoir.
Parlons du premier péril : l'absence d'une répression convenable. On a souvent soutenu de nos

jours que la presse doit être absolument libre,
ou, pour parler plus exactement, ne doit répondre de sa conduite à aucune autorité, et ne doit
être en aucun cas frappée d'aucune peine, parce
qu'elle ne peut nuire. Non-seulement l'exemple
des nations les plus libres qui n'ont jamais songé
à affranchir la presse du jury s'élève contre cette
théorie, mais elle pèche surtout en ce point,
qu'elle prétend et doit prétendre avant tout que
la presse ne peut nuire. Si, parcourant la cité,
j'appelle les citoyens aux armes, niera-t-on que
j'aie commis un crime évident contre l'existence
de l'État? si, poursuivant un de mes concitoyens
de mes clameurs, je l'accuse de toute sorte de
crimes, niera-t-on que j'aie troublé la paix publique et attaqué mon prochain aussi violemment
que si je le frappais de l'épée? Si pourtant
ces actes sont criminels et dangereux aux yeux
de tous, comment prétendre qu'ils deviennent
innocents parce que ma voix, au lieu de s'élever
sur un point isolé de la cité, aura été portée par
la presse d'une frontière à l'autre de la France? Il

faut donc reconnaître, au moins dans ces deux
cas, la nécessité d'un juge, ou, pour mieux dire,
d'un arbitre, et la justice d'une peine. Une fois
cette concession faite (et comment l'éviter?),
la théorie de la liberté illimitée de la presse
s'écroule, car on ne peut plus discuter que sur la
question de savoir dans quelles limites la presse
doit être contenue, et la solution du problème
peut varier selon le temps et les circonstances.

Ce n'est pas seulement, en effet, par l'appel
direct à l'insurrection et par l'outrage direct
contre les particuliers que la presse, insuffisamment réprimée, peut mettre l'État en péril, et
rendre même, à défaut d'un péril public, la vie
sociale intolérable. Les sociétés les plus floris-
santes et même les plus libres et les plus riches
en lois équitables renferment malheureusement
dans leur sein un certain nombre d'hommes qui,
hors d'état de prospérer par des voies légitimes,
et trop éclairés ou trop prudents pour ne pas
éviter les délits de droit commun, sont conduits
tôt ou tard à mettre dans le désordre politique

14

toute leur espérance. Ce sont ces hommes qui, selon la forte parole du poëte,

Si tout n'est renversé ne sauraient subsister.

Ils attendent donc quelque grand trouble public comme une sorte de réparation que leur doit la Fortune, et ne négligent rien pour le produire. Si la presse est libre de tout frein, ou si ce frein trop lâche n'inspire aucune crainte, quel instrument plus puissant et plus commode pourraient-ils rêver pour soulever et renverser un système politique qui leur déplaît ou un état social qui leur pèse? Réduits à eux-mêmes, ils sont sans force, mais ils peuvent tout si une foule peu éclairée et odieusement déçue les entoure. Ils excitent donc sans relâche les préjugés de l'ignorant et les passions du pauvre, attribuent à l'injustice préméditée et facilement réparable (à ce qu'ils assurent) des puissants de la terre toutes les misères de la vie humaine et toutes les imperfections de l'ordre social; et, si rien n'arrête cette prédication incessante, où parfois l'impos-

teur lui-même, enivré de sa propre parole, devient un fanatique, elle aboutit à quelque explosion formidable qui, si elle est réprimée, n'en est
pas moins fatale au progrès et à la civilisation
même, par les réactions qu'elle provoque, par les
excès en sens contraire qu'elle autorise, et surtout, hélas! par le découragement et le dégoût
qu'elle laisse dans les âmes.

C'est en vain qu'on oppose à cette leçon du
bon sens, tristement confirmée par l'expérience,
ce prétendu axiome : que, si l'on peut absolument
tout dire, l'autorité du bien l'emportera sur la
séduction du mal. C'est supposer la lumière où
elle n'est pas, c'est prêter à ceux qui souffrent
et qui ont été dès leur naissance aux prises avec
les difficultés de la vie un discernement que
l'homme éclairé n'a pas toujours des causes de
nos maux et des vrais moyens d'y porter remède ;
c'est enfin mettre aux prises avec des armes trop
inégales, devant une foule crédule, l'honnête
homme qui ne peut mentir avec le fourbe auquel
ne coûte aucune promesse, pourvu qu'il allume

dans les âmes les premières étincelles de l'in-
cendie qu'il veut répandre. Il faut donc qu'une
société libre puisse se préserver par la loi des
excès de la presse comme de tous les autres, à
moins qu'elle ne préfère jouer périodiquement
sa grandeur et son existence même dans les
affreux hasards de la guerre civile.

Mais il faut que ces lois laissent la presse libre
en même temps que contenue, si l'on ne veut
courir un autre péril, moins évident d'abord,
moins grossier, moins facile à saisir, mais plus
redoutable encore ; car, si la licence de la presse
peut ébranler et ensanglanter l'État, la servitude
de la presse peut le perdre.

Supposons, en effet, la presse placée par un
mécanisme quelconque dans la main du pouvoir :
les services qu'elle peut rendre au public sont
tout d'abord réduits à peu de chose, puisqu'elle
ne peut rien faire connaître de ce que le pouvoir
a quelque intérêt grave à cacher, et que la flamme
de la publicité, semblable à une lanterne sourde,
n'éclaire plus que le point vers lequel la main de

l'autorité la dirige. Cependant, cette flamme ne
produit point seulement la lumière ; il est de sa
nature d'échauffer aussi bien que de luire, et
tout ce qu'elle approche longtemps finit par s'em-
braser. Le pouvoir, maître de la presse, dispo-
sera donc non-seulement de l'obéissance des
citoyens, mais, ce qui est d'une bien autre importance, de leurs passions mêmes. Qu'arrivera-
t-il alors, à moins que des créatures supérieures
aux faiblesses humaines ne descendent du ciel
pour exercer une telle autorité sans s'aveugler
ou se corrompre ? Il arrivera d'abord que le pouvoir, pour détourner cette flamme brûlante de la
presse des points où elle pourrait l'importuner,
la dirigera de préférence sur les institutions utiles
ou nécessaires au pays, ou sur la religion ou sur
les mœurs, et livrera de la sorte les plus grands
intérêts publics à l'activité dévorante de la presse
comme une distraction pour elle et comme la
rançon de son propre repos.

Mais il ne suffit point au pouvoir que la presse
ne le gêne point ; il faut qu'elle le seconde dans

sa politique étrangère, et, s'il a conçu quelque
important dessein, si imparfait que ce dessein
puisse être, si dangereux même qu'il devienne
pour le bien public, ce pouvoir ne résistera pas
à la tentation trop naturelle de se servir de la
presse pour entraîner les esprits à sa suite sur le
chemin périlleux qu'il a choisi. Il peut même
arriver qu'après avoir ainsi égaré involontairement la nation sur sa trace, par le moyen d'une
presse à la fois trop docile et trop puissante, le
pouvoir s'efforce en vain de modifier l'opinion
qu'il a faite et de rétablir la raison publique affaiblie pour en invoquer de bonne foi le secours.
Mais le plus souvent il est trop tard, et cette arme
redoutable de la presse s'est brisée dans sa main,
en blessant mortellement celui qui en a fait cet
imprudent usage.

Il faut donc ne pas moins se prémunir contre
ce second péril que contre le premier; c'est-à-
dire qu'il faut que la presse soit libre sans être
impunément anarchique, et contenue sans être
asservie. Est-ce donc là un état de choses im-

possible à établir ? Il n'y a heureusement aucune
raison pour le croire, et cette prétendue impossibilité est démentie, comme bien d'autres, par
l'exemple de l'Angleterre. Parlons cependant pour
la France, et puisque la presse doit être libre sous
la loi, et, lorsqu'il le faut, réprimée par un juge,
quelle doit être cette loi, quel doit être ce juge?

Et pour nous le demander en passant, et seulement à cause d'un état de choses récent encore,
ce juge doit-il être le pouvoir lui-même, comme le
décret de février 1852 l'avait institué? La question est si naïve, qu'il est presque embarrassant
d'y répondre. Disons cependant que rendre le
pouvoir juge et partie en matière de presse, c'est
mettre, quoi qu'on fasse, la presse à la merci du
pouvoir. — Non, répondait-on naguère, parce
que le pouvoir défend contre les attaques de la
presse la société tout entière. — Cette distinction
subtile pourrait à la rigueur s'alléguer si le pouvoir n'atteignait la presse de ses coups que lorsqu'elle attaque la société elle-même. Mais quatre-
vingt-dix-neuf fois sur cent, la presse est frappée,

et cela est inévitable, lorsqu'elle attaque non pas
la société, mais la politique ou le personnel du
pouvoir, et comment prétendre alors que le pouvoir n'est pas juge et partie en matière de presse,
en d'autres termes que la presse n'est pas à sa
merci? Revenons maintenant aux questions sérieuses, et examinons brièvement, puisqu'il faut
une loi et un juge à la presse, quelle doit être
cette loi et quel doit être ce juge.

La loi a bien moins d'importance en matière
de presse que la juridiction, parce que la loi ne
peut éviter d'être vague et de laisser une large
place à l'arbitraire du juge. La meilleure des lois
françaises sur la presse, celle de 1819, n'échappe
pas à cet inconvénient, qui est dans la nature des
choses; et, quant au délit *d'excitation à la haine
et au mépris du gouvernement,* imaginé plus tard
par la loi de réaction de 1822 et conservé depuis
dans nos Codes, il n'est pas de définition qui
laisse ou impose une plus large tâche à la conscience du juge; et la raison en est bien simple :
ou bien le juge peut appliquer cet article de la

loi à la lettre en punissant tout écrit qui excite
réellement à la haine ou au mépris du gouvernement, et alors plus l'acte reproché au pouvoir
sera en effet haïssable ou méprisable, plus le châtiment de l'écrivain sera légalement assuré ; ou
bien le juge peut prendre sur lui de déclarer innocent un écrit qui excite réellement à la haine et
au mépris du pouvoir, ce qui équivaut à dire
qu'il y avait lieu de publier cet écrit dans l'intérêt du public et que le juge l'approuve. On voit
quel rôle important cet article de la loi, plus
encore que tout autre, réserve au juge, et quel
dépôt précieux se trouve dans ses mains, puisqu'il dépend de lui de marquer en fait la limite,
inévitablement mobile, où s'arrêtera la liberté de
la presse et où commencera l'inviolabilité du pouvoir. D'ailleurs, les lois sur la presse, quelles
qu'elles soient, et même ce qu'on appelle l'application du *droit commun*, laisseront toujours une
telle latitude au juge, que l'importance de la loi
s'effacera toujours devant l'importance supérieure de la juridiction. Cela est si vrai, que,

pour savoir si la presse est libre chez tel ou tel peuple, nous ne songeons jamais à nous enquérir de la loi qu'on lui applique, mais nous demandons tout de suite, et d'instinct : « Qui la juge? »

Ce juge doit-il être un tribunal inférieur, composé de juges inamovibles, mais aspirant à un avancement légitime, tel que l'est en France ce qu'on appelle le tribunal de première instance? Ce tribunal ne peut être une juridiction convenable et définitive pour la presse, par deux raisons capitales : l'une qui s'applique à notre magistrature tout entière, l'autre qui s'applique particulièrement à cet ordre de tribunaux. L'objection générale, cent fois redite et cent fois juste, c'est qu'on fait sortir la magistrature de son rôle en l'obligeant à rendre des verdicts comme un jury, et que tout jugement sur la presse est au fond un verdict, à moins d'être une application littérale de la loi, application toujours exposée à être absurde et injuste, comme nous l'avons démontré plus haut en ce qui touche l'excitation à la haine et au mépris du gouvernement. L'objection particulière

à ce tribunal, c'est qu'il est nécessairement composé de juges qui, selon notre organisation judiciaire actuelle, doivent attendre légalement leur
avancement du pouvoir ; que le pouvoir ne peut
raisonnablement voir avec faveur un juge qui
aurait refusé de le défendre contre ses ennemis
en matière de presse, et par conséquent qu'il n'est
pas digne d'une loi humaine et sage de mettre
constamment le juge entre un acte d'héroïsme
et un acte de faiblesse. Alors même que, par une
noble émulation de vertu, le juge serait toujours
prêt à sacrifier sa carrière et le pouvoir toujours
disposé à avancer des juges qui le condamnent,
il ne serait pas bon d'exposer même au soupçon
l'indépendance d'un magistrat d'ordre inférieur,
en le sommant de se prononcer comme un juré pour
ou contre le pouvoir dans une question de presse.

Cette seconde objection disparaît ou du moins
s'affaiblit si l'on propose de faire juger la presse
par la cour d'appel, toutes chambres réunies,
ou, ce qui revient presque au même, de faire
juger dans ces conditions l'appel contre un juge-

ment de première instance en matière de presse.
La cour agirait alors comme un grand jury, plus
éclairé à coup sûr qu'aucun autre et raisonnablement indépendant, puisqu'une certaine partie
de ses membres, considérant leur carrière comme
terminée, n'auraient plus rien à espérer ni à
craindre. Mais c'est dans l'intérêt de la stabilité du gouvernement lui-même que nous crain-
drions peut-être l'intervention d'un tel tribunal,
à cause de l'autorité si considérable de ses jugements, et du coup accablant que les acquittements
prononcés dans de telles conditions pourraient
parfois porter au pouvoir. L'inconvénient serait
moindre sous un gouvernement constitutionnel,
où le coup porté serait reçu par un ministère; il
serait des plus graves dans le système actuel, où
la politique personnelle du souverain serait sans
cesse en jeu. Toutefois, il serait digne d'un gouvernement, animé de l'amour du bien public et
sûr de ses intentions, d'invoquer une telle juridiction et d'instituer entre la presse et lui un tel
arbitrage. Il va presque sans dire que ce genre

d'arrêt ne devrait être accompagné d'aucuns considérants, car ces considérants ne pourraient éviter d'être des manifestes toujours regrettables pour ou contre la politique du pouvoir ; l'acquit-tement ou la condamnation pure et simple devrait donc revêtir la forme des verdicts qu'on demande au jury.

Mais, quoi qu'on fasse, on sent toujours, dans cette combinaison même, l'inconvénient de tirer la magistrature de son domaine naturel, de lui im-poser une charge contraire en principe à l'esprit et au but de son institution, de lui attribuer enfin un pouvoir politique considérable qui peut exciter autour d'elle soit un enthousiasme, soit une aver-sion, bien différents tous deux de la calme et tranquille estime que son véritable rôle est d'in-spirer. Quel juge nous reste-t-il donc à invoquer, sinon le jury, ce juge logique et naturel de la presse, que tous les principes de la matière dési-gnent à notre choix aussi évidemment que l'ex-périence constante des peuples libres ? Le jury français est trop faible, dit-on. Cela est vrai dans

une certaine mesure; il est faible ou plutôt indo-
lent, tant qu'il ne voit pas clairement le péril,
et, par cela même, il est bien fait pour juger les
délits de presse, dont le péril public fait le plus
souvent la culpabilité. C'est là même la vraie
mesure de ce genre de délits, comme nous le
voyons de nos jours en Irlande, où la presse peut
souvent demander avec impunité l'expulsion des
Anglais et l'indépendance du pays, tandis qu'à
d'autres moments un tel vœu attire des condam-
nations sévères sur la tête de ses auteurs. Nos
jurys ne possèdent pas sans doute au même degré
que le jury anglais ce sentiment exact et ferme
de la justice relative et de l'opportunité variable
de la répression en matière de presse; mais il
faut se faire une triste idée de l'intelligence de
notre pays pour ne point croire nos jurys capables d'acquérir avec le temps un discernement
analogue. Sans avoir le dangereux éclat de ces
acquittements des cours d'appel, dont nous parlions tout à l'heure, les acquittements répétés du
jury sont un signe salutaire de quelque malen-

tendu entre l'opinion de la classe éclairée et le
pouvoir, et avertissent en temps opportun d'y
mettre un terme. D'un autre côté, les condamna-
tions du jury reçoivent de l'indépendance d'un
tel tribunal et de son intérêt élevé dans la question une imposante autorité ; elles offrent de plus
le noble et rassurant spectacle de la nation réglant
elle-même sa liberté et veillant sur son repos.

On ne peut donc contester que le jury soit,
en principe, la juridiction naturelle et efficace de
la presse. Avec le verdict souverain du jury en
perspective, aucune loi répressive sur la presse
n'est mauvaise, car les inévitables défauts de la
loi sont corrigés par l'absolue liberté du juge ;
sans le jury, au contraire, il n'est point de bonne
loi sur la presse, car l'application littérale de ces
lois fait bientôt paraître absurdes et intolérables
les définitions qu'on a crues les plus sages.

Si pourtant le jury ordinaire inspire encore
des défiances, si l'on craint qu'il ne manque trop
souvent de fermeté ou de lumières dans ces affaires souvent si délicates, rien n'empêche de

mettre à l'épreuve le système d'un jury spécial
pour les délits de presse. On pourrait former la
liste de ce jury spécial, pour chaque ressort de
cour souveraine, soit avec les noms de tous les
conseillers généraux du ressort, soit en joignant
à ces noms ceux des conseillers à la cour d'appel. A Paris, où les affaires de presse ont plus
d'importance, on pourrait agrandir et relever
cette liste en y ajoutant les noms des membres
de l'Institut, puisque, d'une part, ce corps, re-
cruté par la cooptation, est absolument indépendant du pouvoir et que, d'autre part, il est
plus compétent qu'aucun autre pour apprécier les
œuvres de l'esprit et l'intention vraie de l'écrivain.

La juridiction, qui est le point important, étant
réglée de la sorte, à quel parti s'arrêter pour la
définition des délits et pour l'application des
peines? Il n'est guère qu'une définition, irrépro-
chable par sa clarté et sa justesse, c'est celle qui
punit toute *provocation à commettre un acte
qualifié crime ou délit par la loi*. A la rigueur,
et en tenant compte de la liberté absolue qu'au-

rait le jury de l'étendre ou de la restreindre à son gré dans l'application, cette définition pourrait suffire.

On pourrait cependant (toujours sous la garantie de la liberté du jury) ajouter à la loi quelques définitions aussi claires que possible atteignant l'outrage contre toute une classe de citoyens ou contre les divers cultes; mais il faut se défier sur ce point de tout terme vague et surtout bannir absolument de la loi ces mots d'*excitation à la haine et au mépris*, qui sont une menace permanente contre la presse, précisément lorsqu'elle remplit le mieux son devoir; car la presse n'est pas faite pour autre chose que pour exciter la haine ou le mépris contre ce qui est haïssable ou méprisable; ce qui revient à dire que l'*excitation à la haine et au mépris* ne peut être, comme le prétendent nos lois, un délit en elle-même, et qu'en la qualifiant de délit d'une manière absolue, la loi se trompe et oblige le juge à se tromper.

Quant au délit de diffamation, qui joue de nos

15

jours un si grand rôle, tout le monde connaît sur ce point l'inconvénient de la loi française.

Elle a le double tort de frapper l'écrivain qui a pu faire son devoir en disant sur autrui une *vérité nécessaire,* et de ne point réparer le dommage moral fait à l'honnête homme calomnié, puisqu'elle interdit la preuve des faits allégués par le diffamateur; de telle sorte que le plus honnête et le plus vil des hommes peuvent sortir également de l'audience en possession d'un jugement qui punit leur diffamateur, jugement d'ailleurs bien inutile, puisqu'il établit seulement ce qui était déjà connu de tout le monde : à savoir que l'allégation déférée au tribunal était en effet diffamatoire. Cet état de choses a un inconvénient si manifeste et le tribunal réduit à juger dans ces termes est si impuissant à réparer le dommage moral fait par la diffamation, qu'on voit souvent les citoyens constituer, à côté des tribunaux officiels, un tribunal d'arbitres qui, sous le nom de *tribunal d'honneur,* admet la preuve et se trouve aussitôt investi par là même d'une auto-

rité réparatrice à laquelle le tribunal institué par
la loi ne saurait prétendre.

Rien ne montre mieux ce défaut de la loi française que l'institution libre de pareils tribunaux
auxquels on n'a pas besoin d'avoir recours en
Angleterre, par la raison bien simple que le diffamateur, traduit devant le jury, possède la faculté
de faire la preuve des faits dont l'allégation a
motivé la poursuite. Certes, cette disposition de
la loi n'est pas sans avoir des inconvénients tout
opposés à ceux de la loi française; elle permet
de révéler méchamment au public et de prouver
avec scandale des faits de la vie privée qui devraient rester dans l'ombre; mais le correctif de
cet inconvénient, c'est que le jury n'est nullement forcé d'absoudre un diffamateur, par la
seule raison qu'il a prouvé la vérité des faits qu'il
avance. Les faits peuvent être vrais sans que
celui qui les a divulgués soit excusable, et il est
certainement sans excuse si cette divulgation
n'était pas absolument commandée par un intérêt respectable. Il peut donc arriver avec justice

que le diffamateur soit aussi sévèrement puni
pour avoir dit la vérité que s'il avait dit un mensonge ; le jury apprécie le motif de la diffamation aussi souverainement qu'il en apprécie
l'exactitude, et l'honneur des citoyens inoffensifs
est protégé de la sorte contre les coupables
propos de l'étourderie et contre les noirs calculs
de la méchanceté. La peine appliquée à la diffamation doit être pécuniaire, avec la sanction de
la prison si le diffamateur est insolvable, et,
comme la gravité de cette peine pécuniaire est
déterminée sous forme de dommages et intérêts
par le jury, ce jury a dans la main l'instrument
le plus simple et le plus puissant pour exercer
en pareille matière la justice distributive et pour
témoigner, dans le langage éloquent des chiffres,
son sentiment sur le fond de l'affaire.

Qui doit exercer la poursuite en matière de
presse ? Il va sans dire que ce sont les particuliers en matière de diffamation, et le gouvernement pour les délits commis contre la chose
publique. Mais il importe dans ce dernier cas

de ne point maintenir la fiction d'après laquelle le parquet est censé s'émouvoir lui-même à l'occasion des délits de presse et les poursuivre de son propre mouvement, par pur ressentiment de la loi offensée, et en dehors des inspirations du pouvoir. Il faut, en cela comme en tout le reste, conformer les apparences à la nature des choses et après tout à la justice. C'est le gouvernement et pour mieux dire *le ministère* qui doit, sous sa responsabilité, engager une poursuite pour délit de presse, et dans ce cas le ministère est simplement représenté par le chef du parquet, comme tout citoyen poursuivant un journal est représenté par un avocat. Un procès de presse est donc une lutte entre le ministère et un écrivain, et non point une lutte entre cet écrivain et la justice. Le ministère dit au jury : « Je crois cet écrit coupable et dangereux, et, dans l'intérêt de l'État, je réclame votre assistance pour en punir l'auteur. Cet auteur croit, de son côté, avoir fait une œuvre utile ou du moins innocente : écoutez-nous tous deux et jugez. » Voilà la seule conduite et le seul langage qui conviennent au pouvoir dans les procès de presse, et tout ce qu'on ajoutera à la simplicité et à la sincérité dans la poursuite augmentera d'autant les chances d'une répression efficace.

Qui enfin la peine doit-elle atteindre pour être juste et pour produire un effet salutaire? S'il s'agit d'un journal, une peine personnelle doit frapper l'écrivain qui répond de l'article incriminé et une peine pécuniaire doit atteindre la propriété du journal, car c'est dans l'intérêt toujours en éveil de cette propriété menacée que la société et l'État ont leur principale garantie contre les excès de la presse. Quant à la responsabilité de l'imprimeur, elle est absurde et oppressive, excepté dans deux cas où elle devient indispensable autant que juste : 1° si l'auteur de l'écrit poursuivi ne se découvre pas ou échappe à la justice, soit qu'il habite en pays étranger, soit qu'il se dérobe à la poursuite; 2° si l'auteur condamné ne peut acquitter le montant de

l'amende qu'il a encourue ou des dommages et intérêts auxquels il a été condamné. Ces deux seules
réserves, faites à l'impunité des imprimeurs, les
obligent donc à se demander d'une part si l'écrivain qui les emploie est un citoyen honorable
prêt à répondre de ses actes, et, d'autre part, s'il
peut faire face au péril pécuniaire qu'il va courir et réparer le dommage qu'il peut causer. La
censure préventive des imprimeurs, que notre
législation actuelle force à s'étendre sur toutes
choses, se concentrerait alors sur les deux seules
questions où elle peut s'exercer avec des lumières
suffisantes et avec une incontestable utilité pour
la société et pour l'État.

CHAPITRE IX

Deux faits également certains se présentent à
la pensée aussitôt que l'on songe à la situation
légale des cultes dans le sein de la société française : le premier, c'est que nous marchons vers
la séparation complète des cultes et de l'État, et
qu'aucun changement considérable ne peut désormais se produire dans le gouvernement de la
France sans que cette séparation soit aussitôt
tentée, sinon accomplie ; le second, c'est que
cette tentative est aussi difficile qu'elle est inévitable, et qu'elle doit avoir, si elle échoue, une

influence décisive et probablement funeste sur le
sort du gouvernement qui l'aura faite.

Il est évident d'abord qu'en parlant des difficultés considérables que doit nécessairement
rencontrer en France la séparation des cultes et
de l'État, nous avons uniquement en vue le culte
catholique, car le culte israélite et les diverses
confessions protestantes, habitués par une longue
persécution à compter sur leurs propres ressources et à subsister malgré l'État, n'éprouve-
raient ni peine ni regret à recevoir une liberté
plus complète en se passant désormais de son
concours. Il en est tout autrement de cette grande
Église catholique qui, malgré ses pertes morales
dans notre patrie (pertes qui ne peuvent être
exprimées en chiffres, puisqu'elles se traduisent
rarement par un changement de culte et aboutis-
sent ordinairement à l'incrédulité religieuse),
n'en est pas moins restée, par nos traditions,
par son histoire, par ses relations anciennes
et étroites avec le peuple, notre Église nationale. Persuader à cette Église, qui a parfois

dominé l'État ou souffert de son hostilité, mais
qui a le plus souvent joui de sa protection et
fleuri sous son ombre, de vivre désormais libre et
ignorée des pouvoirs publics, est une entreprise
des plus difficiles. L'Église catholique recherche
volontiers la domination, dont elle se croit seule
capable de bien user, et ne fuit point la persécution qui lui élève l'âme ; ce qu'elle déteste et re-
doute le plus, c'est l'indifférence. Comme une
mère tendre ou comme une épouse passionnée,
elle dit à l'État depuis qu'elle existe : « Aime-
moi et obéis-moi si tu peux, frappe-moi si tu
veux, mais ne me quitte jamais. »

De là entre elle et l'État tant d'accords, tant
de luttes, tant de réconciliations et de ruptures ;
de là ces traités d'alliance, dont le meilleur et le
plus supportable est certainement celui qui nous
régit encore. Mais combien d'inconvénients rendent ce Concordat précaire, sans parler de l'esprit
du temps, qui le mine tous les jours et finira
bientôt par l'emporter ! Production naturelle
d'une époque de notre histoire où les idées de

droit et de liberté étaient comme suspendues
dans les esprits aussi bien que dans l'ordre politique, le Concordat fait peser sur l'Église une
chaîne ordinairement légère, tant qu'un parfait
accord entre elle et l'État subsiste, mais étroite
et accablante aussitôt que cet indispensable accord est troublé. Choix des évêques, communications de l'Église de France avec son chef, le
souverain pontife, publication de ses actes, réunion de ses assemblées, acquisition et administration de ses biens, détermination même de ses,
doctrines, tout est dans la main de l'État, qui
peut à son gré tout permettre et tout rendre facile, ou tout gêner et tout interdire. L'Eglise
n'est cependant point désarmée en face de ce
puissant maître, et peut, s'il le faut, en rendant
coup pour coup, porter un trouble profond dans
la société politique. Elle peut, en refusant d'instituer les évêques choisis par l'État, désorgani-
ser le culte sur tout le territoire et agiter efficacement les consciences; elle peut braver les
arrêts du conseil d'État, dénués de sanction

pénale et même de sanction morale lorsqu'ils
portent sur des questions où l'incompétence de
de l'État est notoire ; elle peut enfin, sans commettre aucune violence matérielle, réduire les
pouvoirs publics à user de violence à son égard,
ce qui soulève aussitôt tous les cœurs. On voit
que cette domination de l'État sur l'Église est
plus apparente que réelle, en ce sens que, si
l'Église lui résiste, l'État n'est nullement en
mesure de la dompter, sans s'exposer gravement
lui-même. On vit donc au jour le jour, dans une
sorte de tolérance et d'appréhension mutuelles,
en échangeant tour à tour des reproches et des
services qui n'ont rien à voir avec le droit, et
qui, le plus souvent, ne font aucun honneur aux
deux parties, en attendant l'explosion toujours
possible d'un désaccord sérieux que le Concordat n'offre aucun moyen de terminer, et que la
société ne peut endurer sans grand péril.

Cette alliance si précaire de l'Église et de l'État
a encore deux conséquences plus dignes d'attention de jour en jour. La première, c'est de mêler

l'État à l'ardente et funeste guerre engagée dans notre pays entre la Révolution et l'Église catholique, et de le réduire à prendre parti, au moins en apparence, dans cette lutte si rarement interrompue. Il est à peine besoin de rappeler combien la Restauration a souffert de sa partialité bien naturelle pour l'Église catholique, qui avait traversé les mêmes épreuves que l'antique monarchie, qui avait reçu les mêmes blessures, et qui se vouait de toutes ses forces, avec plus de zèle que de lumières, à l'œuvre de son rétablissement. Le gouvernement de Juillet a blessé dès son début une partie de la nation par son peu de sympathie apparente pour l'Église, tandis que, près de son terme, il offensait une autre partie de la nation par ses ménagements pour la même Église. Les variations du gouvernement actuel dans sa conduite à l'égard de l'Église catholique et l'influence de ces variations sur sa popularité sont trop présentes à tous les esprits pour qu'il soit nécessaire d'y insister. Enfin il n'est pas un de nos gouvernements depuis 89 qui n'ait été con-

traint de choisir ou du moins d'osciller entre
l'Église catholique et la Révolution française, en-
nemies jalouses et le plus souvent injustes l'une
pour l'autre, mais jusqu'à ce jour irréconciliables
et surtout implacables à l'égard du pouvoir qui
n'embrasse pas leur cause et n'adopte point leur
drapeau. Cet antagonisme perpétuel et cette nécessité renaissante pour l'État de s'aliéner périodiquement les amis de la Révolution ou ceux de
l'Église disparaîtraient sans doute le jour où
l'État prendrait le grand parti d'ignorer l'Église
et de la traiter simplement comme une association libre.

La seconde conséquence considérable et em-
barrassante du régime établi par le Concordat,
c'est la nécessité de maintenir à tout prix l'autorité temporelle du saint-siége, car il est inadmis-
sible qu'un pareil traité et de tels rapports subsistent entre l'État d'une part et un pape de
l'autre, si ce pape devient soit le sujet d'un prince
étranger, soit une sorte d'apôtre, émigrant de territoire en territoire. Il serait téméraire de rien pré-

juger sur la durée indéfinie ou sur la fin plus ou
moins prochaine du pouvoir temporel établi à
Rome; mais ce qui est évident, c'est que le Concordat suppose la perpétuité de ce pouvoir, et
n'est nullement fait pour une situation différente.
La séparation complète de l'Église et de l'État
s'accommoderait également des deux régimes,
en ce sens du moins que l'État serait désintéressé dans la question, et n'aurait plus à se pré-
occuper des difficultés si graves que la chute du
pouvoir temporel lui susciterait aujourd'hui dans
ses rapports officiels avec l'Église.

Voyons maintenant les obstacles auxquels on
doit s'attendre dans la tentative de séparer d'une
manière complète l'Église et l'État, et en même
temps par quel moyen on pourrait rendre cette
séparation acceptable à l'Église. Beaucoup de
personnes s'imaginent que l'Église ne peut, en
principe, accepter cette situation nouvelle; qu'elle
serait obligée de s'y refuser en conscience, et de
ne s'y résigner que sous la contrainte matérielle,
toujours si dangereuse pour ceux qui l'emploient

à son égard. C'est une erreur que les faits démentent. L'Église catholique accepte cette situation en Angleterre et aux États-Unis, et elle a pu se convaincre, par expérience, qu'elle pouvait l'endurer sans dommage. Ce qui est vrai, c'est que les traditions de son histoire, et chez nous les encouragements de l'État lui-même, ont accoutumé l'Église à s'appuyer sur le pouvoir temporel, avec l'espoir, très-légitime à son point de vue, mais le plus souvent déçu, d'en faire l'instrument du salut des âmes. Cette recherche de l'alliance du pouvoir temporel, avec l'espoir de la domination, n'est donc chez l'Église catholique qu'une mauvaise habitude enracinée par les siècles; mais on ne trouve rien dans ses doctrines qui l'oblige à ce rôle, et qui lui interdise surtout d'en accepter un autre plus digne d'elle, plus avantageux pour elle-même et plus conforme à l'esprit de son fondateur; car l'Évangile incline plutôt du côté de la séparation des deux pouvoirs, et, en tout cas, il ne recommande expressément que l'obéissance aux puissances établies.

En y regardant de près, on s'aperçoit que l'Église catholique n'est forcée à entrer en relations avec le pouvoir laïque que pour obtenir de lui certaines libertés qui lui sont indispensables. Il lui faut la liberté de réunion, la liberté d'association et la liberté d'enseignement ou de prédication. Voilà pour elle le strict nécessaire, le *minimum* des facultés d'agir, sans lesquelles elle ne peut remplir convenablement sa mission dans le monde. Ces libertés peuvent lui être absolument refusées par le pouvoir, et alors l'Église est réduite à les conquérir par le martyre, comme elle l'a fait à ses débuts; ou bien ces libertés lui sont octroyées par le pouvoir à titre de faveur particulière et de privilége unique, et alors l'Église en jouit sans scrupule, et sans désirer qu'on les étende à d'autres, persuadée, comme elle doit l'être, qu'elle seule, possédant la vérité, peut faire bon usage de ces libertés avec profit pour les âmes; ou bien enfin, l'Église catholique reçoit ces libertés en même temps et au même degré que tous les autres cultes, et comme

une portion qui lui est due de la liberté générale ;
et alors, tout en regrettant, au point de vue de
la foi, la liberté laissée à l'erreur, elle profite,
pour sa part, de la situation faite à tous, et se
développe librement à l'ombre de lois équitables,
comme on le voit en Angleterre et aux États-
Unis. Il arrive inévitablement alors qu'en dépit
de ses préférences invétérées pour l'alliance avec
l'État, et de son goût ancien pour la domination
politique, l'Église catholique devient, par la force
des choses, un des soutiens de cette liberté générale qui est, de la sorte, entrée dans ses mœurs,
et qui fait la principale garantie de sa liberté
particulière. Certes, la chute de nos libertés politiques il y a dix-huit ans n'eût pas été aussi
soudaine ni leur suppression, ou, si l'on veut,
leur suspension aussi facile, si la puissante association de l'Église catholique avait auparavant
contracté l'habitude de faire usage de ces libertés
pour elle-même, et de compter sur leur maintien
pour la protection de ses propres droits.

Si les doctrines de l'Église catholique ne s'op-

posent nullement en principe à la séparation
complète de l'Église et de l'État, si dans la pra-
tique il importe uniquement à l'Église de posséder, dans leur plénitude, les libertés de réunion,
d'association, de prédication et d'enseignement,
d'où viennent les difficultés si graves qui s'élèvent aussitôt qu'on cherche les conditions auxquelles on pourrait, en France, détacher sans
retour l'État de l'Église? Les défenseurs des
intérêts de l'Église et les défenseurs des intérêts
de l'État montrent à ce sujet des appréhensions
également vives, bien que contradictoires. Les
premiers paraissent fortement frappés du trouble
matériel qu'apporteraient dans l'Église la perte
de son budget officiel, la nécessité de se suffire
et la dépendance des pasteurs à l'égard des
fidèles, de qui leur viendrait désormais leur
salaire. D'un autre côté, les hommes préoccupés
surtout de la sûreté de l'État assurent que, loin
de causer à l'Église catholique les embarras
qu'elle appréhende, la séparation complète lui
donnerait en France une vigueur, une indépen-

dance, une puissance d'organisation et surtout
une accumulation de richesses dangereuses pour
la chose publique. A les entendre, la générosité
des fidèles ferait plus que de suppléer au budget
du culte catholique, elle enrichirait cette Église
au point de la rendre odieuse aux populations
en même temps que redoutable à l'État, et au
point de l'exposer de nouveau aux terribles représailles qui l'ont éprouvée à la fin du dernier
siècle. De telle sorte qu'en écoutant ces plaintes
opposées, on reste en suspens entre les amis de
l'Église catholique, qui traitent cette séparation
de persécution et de ruine, et les amis de l'État,
qui redoutent si fort en son nom la puissance et
la richesse que cette séparation procurerait à
l'Église.

On ne peut regarder comme également on-
dées des plaintes qui se contredisent d'une manière aussi formelle, et, s'il faut choisir, nous
inclinons plutôt vers l'opinion de ceux qui voient
dans cette séparation complète, après un moment de trouble, la source d'une grande puis-

sance et d'une grande richesse pour l'Église catholique. Il est impossible en effet d'abandonner
l'Église catholique à elle-même et de prendre le
grand parti d'ignorer légalement son existence
sans lui laisser une liberté raisonnable dans la
recherche et dans l'emploi des ressources qui lui
deviennent aussitôt nécessaires. Le droit pour
l'Église de posséder, d'hériter, d'acquérir, le
droit de réunir dans la main des chefs de l'association toutes les ressources dont elle dispose,
sont des conséquences indispensables de la séparation de l'Église et de l'État; et l'on ne peut
même donner le nom de concessions à la recon-
naissance de droits si légitimes, car le refus de
reconnaître ces droits, tout en séparant l'Église
de l'État, serait une persécution véritable. Il
faudrait donc s'attendre à voir un spectacle bien
nouveau pour la France, et capable de porter
l'inquiétude dans bien des esprits. Il est probable que l'Église catholique de France ne voudrait pas faire dépendre l'existence de chaque
pasteur de la bonne volonté de son propre trou-

peau, et qu'elle prendrait le sage parti de former une caisse commune qui serait administrée
et employée par ses chefs comme l'est aujour-
d'hui son budget par l'administration des cultes.
Mais les chefs de cette puissante association, qui
seraient-ils? Probablement un comité serait formé, composé en partie d'évêques et en partie de
laïques, choisis parmi les plus considérables; et
ce comité remplirait sans doute des fonctions
analogues à celles du ministre chargé aujour-
d'hui de l'administration des cultes : il présen-
terait donc les évêques à l'institution papale,
payerait leur traitement et administrerait la fortune commune; il représenterait enfin l'Église
de France auprès du saint-siége du consentement de cette Église et du consentement de la
papauté. On ne conçoit guère d'une autre façon
la nouvelle organisation de l'Église catholique
une fois que seraient retirés d'elle le soutien que
l'État lui prête et le frein qu'il lui impose; et,
lorsqu'on se représente exactement ce futur état
de choses, on comprend que plus d'un esprit

politique ne considère pas sans appréhension
l'existence d'une organisation si puissante et le
rôle si considérable des citoyens, ecclésiastiques
ou laïques, qu'elle mettrait à sa tête et recon-
naîtrait pour ses chefs. La crainte de voir subsister sans contre-poids suffisant (car nul autre
culte ne peut, dans notre pays, faire équilibre au
culte catholique) un État dans l'État ne serait-
elle point légitime?

Si c'est plutôt l'État que l'Église qui, après
une séparation complète, peut courir un certain
péril et se trouver trop faible en face d'un corps
si fortement organisé, si c'est l'État qui peut avoir
désormais besoin de garanties contre cette grande
puissance émancipée, il faut se demander ce que
ces garanties pourraient être, en d'autres termes,
quelles restrictions on pourrait mettre à cette
liberté nouvelle de l'Église catholique, sans bles-
ser la justice et sans donner à ses membres un
sujet légitime de plainte. On ne peut songer en
aucune façon à contester à l'Église catholique,
après la séparation complète, la liberté de s'or-

ganiser en une association indépendante, capable
de posséder, d'hériter et d'acquérir, correspon-
dant à son gré avec son chef spirituel, et jouissant
du droit de prêcher, d'imprimer et d'écrire, avec
les seules conditions imposées par la loi commune. Mais ne pourrait-on pas, dans l'intérêt
général et dans l'intérêt de l'Église elle-même,
soumettre à une condition particulière son droit de
posséder et d'acquérir? Ce qu'il y a de plus dangereux pour le pays, de plus sensible aux regards
du public, de plus capable de rendre l'Église
odieuse au peuple, et de soulever de nouveau
contre elle l'esprit de persécution et de vengeance,
c'est la possession territoriale. La propriété du sol
est en tout pays la tentation de l'Église, et c'est
aussi son écueil; car elle ne fait que préparer
et provoquer, en s'étendant sur le sol, des spolia-
tions périodiques. Il n'est donc guère contestable
qu'en imposant à l'Église affranchie la condition
de ne point acquérir ni détenir de propriété territoriale, et en l'obligeant à employer en achats
de rentes sur l'État tout ce qu'elle pourrait rece-

voir de la libéralité des fidèles, on agirait avec
prudence, non-seulement dans l'intérêt de la
chose publique, mais dans l'intérêt de l'Église
elle-même. Une exception serait cependant nécessaire en ce qui touche les édifices du culte, les
presbytères, les couvents, et en général les im-
meubles consacrés exclusivement à l'habitation
et n'étant accompagnés d'aucun terrain servant
à la culture. L'État concéderait-il directement à
l'Église catholique, comme aux autres dénomi-
nations religieuses, la propriété pleine et entière
des édifices déjà consacrés au culte, ou bien
ces édifices seraient-ils considérés comme une
propriété exclusivement communale, dont la commune pourrait disposer à son gré et aux conditions qu'elle choisirait en faveur du culte qu'elle
voudrait favoriser ? Cette dernière façon d'agir
paraît la plus équitable, et l'on peut penser que
ce procédé changerait bien peu de chose à l'affec-
tation actuelle des édifices religieux sur la plus
grande partie de notre territoire. Quant aux
arrangements à intervenir entre les communes

et les représentants de l'Église catholique, ou d'autres associations religieuses, pour partager entre l'association et la commune, soit les frais du culte, soit le traitement du pasteur, ce serait désormais l'affaire des communes elles-mêmes, et le gouvernement n'aurait rien à y voir, aussi longtemps que l'ordre public et la liberté des cultes ne seraient pas en péril.

Deux questions s'élèvent encore lorsque l'on considère sous toutes ses faces ce grave problème. L'obligation de ne posséder que des rentes sur l'État paraît une précaution insuffisante à bien des esprits contre l'enrichissement trop prompt ou trop considérable de l'Église catholique, et l'on peut craindre aussi que la possession d'une telle quantité de titres dans une seule main ne puisse, à un moment donné, conférer à cette association un moyen d'action redoutable sur le crédit public. On se demande donc encore s'il ne conviendrait pas de laisser subsister le contrôle du gouvernement (avec ou sans le concours du conseil d'État) sur les acquisitions de l'Église catholique et des autres associations religieuses, de telle sorte que la limite du budget actuel des cultes une fois atteinte, et la subvention actuelle de l'État une fois remplacée par la libéralité des fidèles, il demeurât permis à la puissance publique d'arrêter ou de suspendre le courant des donations, afin de maintenir dans une juste mesure l'enrichissement des associations religieuses. La prudence peut conseiller de prendre ce parti, mais selon nous l'équité le défend, car il est impossible, excepté à ceux qui veulent tromper et opprimer, de retirer d'une main ce qu'on donne de l'autre, et ce serait agir de la sorte que de concéder à l'Église, en échange de la séparation complète, le droit d'acquérir pour enfermer, aussitôt après, l'exercice de ce droit dans des limites arbitraires. Mieux vaut perpétuer l'état de choses actuel et reculer, autant qu'on le pourra, devant cette grande expérience, que de la tenter d'une manière incomplète, et surtout que d'y donner prise au moindre reproche, et que d'y mêler le moindre soupçon d'iniquité.

Enfin la dernière question est de savoir s'il ne serait pas sage, une fois qu'on aurait pris ce grand parti de la séparation complète, de mettre un certain intervalle, un intervalle d'une année, par exemple, entre l'adoption de cette importante mesure et son application. Certes ce délai serait des plus sages, et en même temps il serait équitable, puisqu'il donnerait aux intérêts en jeu le temps de se reconnaître et de se préparer à une situation si nouvelle. On pourrait, par exemple, ne retirer que progressivement leur budget aux cultes et dans l'exacte proportion où les cultes, une fois mis en demeure, réussiraient à se suffire ; ce serait, en quelque sorte, les conduire doucement vers leur nouveau régime, en faisant le long du chemin leur éducation politique et financière. Il y aurait bien des chances pour que ces divers tempéraments fussent adoptés s'il s'agissait de l'Angleterre. Mais nous ne pouvons oublier que nous écrivons pour la France, où une réforme ne s'est jamais accomplie de la sorte, où tout changement s'opère par de violentes secousses après

une longue résistance. C'est notre façon d'aller,
et bien des chutes nous ont avertis qu'elle n'est
pas la meilleure ; mais il est fort doûteux que
nous en puissions changer. Il est donc trop probable que la séparation complète de l'Église et
de l'État, après avoir été dédaignée comme une
chimère par la plupart de nos hommes politiques,
redoutée par l'Église et absolument condamnée
par le pouvoir, s'accomplira au milieu d'une tempête, à la grande surprise de ceux-là mêmes qui
auront frappé ce grand coup, et qui, dès le lendemain, confondus de leur propre audace, atten-
dront comme tout le monde avec une poignante
curiosité le résultat de cette obscure expérience.

Mieux vaudrait qu'elle fût commencée autrement, et qu'elle ne ressemblât en rien à un acte
de surprise et surtout à un acte d'hostilité contre
la religion. Ce sera le regret éternel des bons
Français (j'entends de ceux qui aiment leur pays
avec intelligence), qu'au lieu d'entreprendre la
constitution civile du clergé et de resserrer ainsi
la chaîne de l'État et de l'Église, notre première

Assemblée constituante, qui contenait tant d'amis de la religion et de la liberté, n'ait pas songé à tenter d'affranchir complétement l'Église et de séculariser définitivement l'État. Cette courageuse entreprise était digne de la plus noble et de la plus généreuse réunion d'hómmes qui ait encore été formée sur la terre. Mais les esprits n'étaient pas arrivés alors à concevoir le vrai rôle de l'État moderne, et l'on n'inclinait que trop à charger l'État de tout, en le rendant digne de tout bien conduire. Notre seconde Constituante est sur ce point moins excusable, car elle jouissait d'une plus grande expérience, et comptait dans son sein les plus illustres amis de l'Eglise catholique et les représentants les plus considérables de la Révolution. Quelle occasion pour traiter loyalement non point seulement de la liberté de l'enseignement, mais de cette grande question de la séparation de l'Église et de l'État qui, déjà posée alors, s'approche de plus en plus de nos têtes ! Mais l'inquiétude et le besoin de vivre au jour le jour, qui absorbaient alors les

âmes, les empêchaient de rien concevoir et de
rien tenter de grand. Le courage a donc manqué,
sur ce point comme sur bien d'autres, et, les lumières ne faisant plus défaut, c'est l'audace qui
ne s'est point trouvée au niveau des lumières.
Si jeunesse savait, si vieillesse pouvait, voilà
l'histoire de nos deux Assemblées constituantes
sur la séparation de l'Église et de l'État. Que fera
la troisième? Dans quelques conditions que se
tente cette épreuve, puisse-t-elle être abordée
avec un esprit de douceur et de charité, non-
seulement par des hommes habiles, mais surtout
par d'honnêtes gens, amis de la religion autant
que de la liberté, ayant la ferme volonté de rendre
à chacun ce qui lui est dû, et courageux en face
de cette tâche redoutable, non point parce que
la passion les anime, mais simplement parce
qu'ils aiment leur pays et qu'ils ont foi dans la
justice!

CHAPITRE X

Il suffit de jeter les yeux sur la situation présente du monde, aussi bien du nouveau continent que de l'ancien, et de nous rappeler les changements que la force y a opérés pendant ces dernières années, pour reconnaître que la guerre n'a rien perdu de son empire sur les affaires humaines et qu'elle demeure, aujourd'hui comme hier, la dernière raison des États. Mais, si la guerre règne encore parmi les hommes, c'est comme un souverain détesté, dont on souhaite universellement la chute et dont on médit tous les jours davantage. Cette recrudescence d'aversion pour la guerre vient de la multiplication des

17

richesses, de l'accroissement inouï dans notre
siècle des intérêts matériels que la guerre met
en souffrance ou en péril, et aussi de l'adoucis-
sement des mœurs et des sentiments d'humanité
qui dominent de plus en plus les âmes. On craint
plus qu'autrefois la ruine et la mort; on est plus
attaché à la vie, et on la respecte davantage, et
l'on est devenu, en même temps, plus délicat
pour soi-même et moins insensible aux maux
d'autrui.

Qui d'ailleurs ne ferait des vœux pour la disparition de la guerre? qui ne souhaiterait de voir
inaugurer entre les nations une justice arbitrale
dont les décisions respectées termineraient les
différends des États et maintiendraient entre eux
la paix, comme les tribunaux le font parmi les
citoyens? Mais comme, en dépit d'espérances
toujours renaissantes et toujours déçues, l'institution d'une justice internationale ne paraît nullement prochaine; comme les forts ardents à
s'étendre ne cessent point de menacer l'existence
des faibles, et les faibles, une fois dévorés, de se

menacer les uns les autres; comme les républiques
ne sont pas moins belliqueuses que les monar-
chies; comme les nations jeunes sont ambitieuses
et confiantes dans l'avenir, et les nations anciennes,
fières de leur passé et attachées à leur grandeur; comme enfin on n'a pas découvert d'autre
moyen que l'équilibre pour maintenir l'existence
indépendante de ces personnes libres, qu'on appelle des nations, et garantir le genre humain
contre le fléau et l'avilissement de la monarchie
universelle, et comme l'équilibre ne peut subsister que par une certaine balance de forces qui,
une fois troublée, ne peut se rétablir que par la
guerre, il faut se soumettre à la nécessité, et,
sans aimer la guerre, sans cesser de l'éviter de
toutes nos forces et d'espérer même qu'un jour
elle deviendra inutile, il faut se garder de trop
l'avilir dans l'opinion des hommes, il ne faut
point, par des déclamations vaines et par des comparaisons injurieuses, rendre les peuples incapables d'en supporter les maux et d'en comprendre la triste grandeur.

Il est trop facile d'abaisser l'idée de la guerre en montrant seulement ce qu'elle a de brutal et de grossier et en la rapprochant des violences vulgaires que nous avons sous les yeux tous les jours. Ne serait-il pas absurde, pour deux hommes, nous dit-on, de trancher leur différend par le pugilat, et, si cela est absurde pour deux hommes, pourquoi cela le serait-il moins pour cent mille? Et pourquoi, si l'on n'ose dire « le Dieu des pugilats, » oserait-on dire « le Dieu des armées? » Ces comparaisons, et toutes celles qu'il est si aisé d'employer pour avilir la guerre, font habilement perdre de vue la mort qui plane sur tout champ de bataille, grand ou petit et qui accompagne la guerre de sa funèbre mais imposante image.

C'est en effet l'idée toujours présente de la mort qui communique une certaine dignité aux luttes humaines, plus encore que ne le fait l'idée du nombre. Cela est si vrai, qu'une rencontre même individuelle cesse, aux yeux de tous, d'être une lutte vulgaire et méprisable si la mort y est con-

viée. Que Gros-Pierre et Gros-Jean se disputent
à coups de poing une beauté de village, et la sincérité naïve du sentiment n'empêchera pas qu'il
ne semble ridicule d'invoquer, à ce propos, le
Dieu des batailles; mais, quand nous entendons
dans *les Huguenots* Raoul et son adversaire répéter, avec toute l'éloquence dont la musique est
capable : « En mon bon droit j'ai confiance »,
l'âme s'émeut, et le nom de Dieu invoqué ne nous
paraît plus un blasphème. Qui fait cette différence? C'est l'épée que ces hommes tiennent à la
main, et qui va ouvrir à l'un d'eux les régions
du monde invisible. L'idée de la mort imminente
et volontairement encourue suffit donc à tout
changer; et. comme le champ de bataille est, à
proprement parler, le domaine et l'empire de
la mort, celle-ci le consacre, pour ainsi dire, et
le remplit d'une sombre majesté qui pénètre aussitôt tous les cœurs.

En outre, comme la vie humaine est une chose
d'un grand prix, et dont la destruction nous
émeut, il s'ensuit que le nombre fait aussi quel-

que chose à l'affaire, et que cent mille créatures
humaines allant au-devant d'une chance de
mort sont un spectacle plus imposant que le péril de quelques-uns ou d'un seul. C'est aussi
parce que le nombre est ordinairement en raison
de l'intérêt en jeu, et que la grandeur de l'intérêt contribue, comme il est juste, à la dignité de
l'action. Lorsque les calculs habiles ou malheureux de la politique, ou lorsque le simple mouvement des affaires humaines (sans cesse agitées
par l'ambition, comme nos propres cœurs le sont
par nos désirs), ont amené un peuple à placer
sur un champ de bataille, comme sur le tapis
d'une table de jeu, toutes les choses admirables
et sacrées que le nom de *patrie* représente, quel
est l'être humain qui peut rester froid devant ce
terrible et grand spectacle! Ce sont, à bon droit,
des noms vénérables et sacrés dans la mémoire
des hommes que ceux des Thermopyles, de
Cannes, de Jemmapes ou de Valmy; et, lorsque
l'enjeu de telles rencontres s'appelle la civilisation grecque, la grandeur romaine ou la Révolu-

tion française, loin de trouver, comme on affecte
de le faire aujourd'hui, de telles scènes indignes
des regards de la Divinité, on serait plutôt tenté
d'imaginer, comme le vieil Homère, tout un
Olympe, suivant des yeux avec une sympathique
inquiétude les efforts et le dévouement héroïque
des malheureux mortels.

On peut donc soutenir que la noblesse du sacrifice et la justice de la cause viennent en aide
à l'idée de la mort et à la grandeur de l'intérêt
en jeu, pour ajouter à la dignité de la guerre.
Mais il ne faut pas, comme il est aujourd'hui
d'usage, rétrécir à l'excès cette dernière idée, et
croire que, de deux nations qui se combattent,
l'une est toujours si complétement dans son tort
qu'il n'y ait plus ni mérite ni gloire à périr sous
son drapeau. Certes, mieux vaut avoir conscience
de combattre pour une de ces causes dont la postérité dira que c'était la cause même de la justice; mais, pour les contemporains, il arrive
presque toujours que les questions sont assez
mêlées, et qu'il y ait assez de justice des deux

côtés, au moins en apparence, pour qu'on puisse
combattre sans trouble et mourir sans amertume
sous le drapeau de son pays. Ce drapeau lui-
même est d'ailleurs une raison suffisamment per-
suasive, puisqu'il rappelle que la patrie doit être
servie, même si elle se trompe, parce qu'elle
périt si on l'abandonne, et que sa chute est un
plus grand mal que son erreur.

Enfin ceux qui nous invitent à n'avoir que du
mépris pour la guerre oublient encore un des traits
qui en ennoblissent et qui en tempèrent l'inévitable brutalité : c'est la présence de l'art et l'intervention du génie qui apportent dans la guerre
le calcul, la combinaison, la fermeté, la pré-
voyance tranquille au milieu du péril, et font ainsi
de la guerre une épreuve décisive pour les plus
hautes facultés de l'esprit de l'homme et pour les
plus fortes qualités de son caractère. Certes on
ne peut contester que la source de la guerre, qui
est dans l'âme humaine, ne soit impure et troublée ; mais c'est d'une source impure et troublée
que sont sortis, avec l'aide du temps et du génie,

les institutions, les coutumes, les actes qui composent la civilisation même, et qui, en définitive, honorent le plus l'humanité ; si bien qu'un jour l'impureté de cette source lointaine est oubliée, grâce à l'éclat ou à la beauté de ce qui en découle. Voici, par exemple, un Fénelon qui cherche à se rendre compte des attributs divins et des devoirs religieux de l'homme ; voici un Leibnitz qui cherche comment on pourrait réconcilier les deux grandes communions chrétiennes ; voici, d'un autre côté, à quelques marches de nos possessions d'Afrique, des nègres tremblant devant leurs sorciers, et disposés à conjurer leurs fétiches par des victimes humaines : tout cela s'appelle *la religion* et ne saurait être désigné autrement dans la langue générale. Qui songerait pourtant, si ce n'est par curiosité philosophique, à rapprocher de si belles œuvres d'une superstition si grossière pour les faire remonter à leur source commune, qui est le sentiment de l'infini et la vague inquiétude que ce sentiment inspire à toute créature humaine? On peut faire sur le

grand art de gouverner une réflexion semblable.
Si les hommes rassemblés ont partout besoin d'un
maître, n'est-ce pas un effet de l'infirmité de leur
nature? Et pourtant quel autre rapport que cette
source commune peut-on découvrir entre l'autorité du roi de Dahomey ou celle de Caligula, et
le gouvernement de l'Angleterre par un Pitt ou
par un Canning assistés du Parlement? De même,
deux taureaux qui se disputent un pâturage, deux
lions qui se disputent un troupeau, deux tribus
sauvages combattant pour un terrain de chasse,
nous montrent à nu la cause de la guerre ; mais
le courant change d'aspect en s'éloignant de sa
source, il s'élargit et s'épure, et bientôt, oublieuse
de ses faiblesses, d'où lui viennent aussi toutes
ses grandeurs, l'humanité s'enorgueillit à bon
droit de l'héroïsme d'un Léonidas ou du génie
d'un Annibal.

Si la guerre est soumise de la sorte, comme
tout le reste des institutions humaines, à la loi
du progrès, dans quel sens ce progrès doit-il
s'accomplir? En d'autres termes, quelle doit être

l'influence du progrès sur la guerre ? On résout aisément cette question, en songeant que la guerre fait partie de ces arts qui reposent sur une infirmité du genre humain, tels que l'art du médecin ou celui de l'avocat, et pour lesquels, par conséquent, le progrès véritable consisterait dans leur suppression même. Si la suppression de la guerre est l'idéal probablement inaccessible sur lequel il convient d'avoir les yeux fixés, il s'ensuit nécessairement que le progrès en cette matière consiste surtout à réduire la guerre à son *minimum,* c'est-à-dire à ne faire intervenir l'emploi de la guerre que dans le cas de nécessité absolue, et à l'enfermer dans les limites les plus étroites qu'il est possible, sous le rapport de sa durée comme sous le rapport des maux qu'elle entraîne.

Ayons donc sous les yeux cette maxime qui résume la loi du progrès en ce qui touche la guerre : *réduire la guerre à son minimum,* et nous allons voir avec quelle rigueur en découleront la plupart des conseils utiles qu'on peut donner au sujet de la guerre.

La guerre est, à proprement parler, l'emploi
de la force par une nation pour trancher une
difficulté que l'esprit de ses chefs n'a pas su prévenir, ou qu'il ne peut résoudre. C'est donc un
échec relatif et un aveu implicite d'impuissance
pour un gouvernement que d'en être réduit à faire
appel aux armes, soit pour attaquer soit pour
se défendre. Si c'est pour attaquer, c'est-à-dire
pour accomplir quelque grand dessein, c'est
déjà un malheur et une faute que d'avoir conçu
et arrêté un projet assez téméraire ou assez pré-
maturé, et par conséquent assez chanceux pour
ne pouvoir être accompli que par la guerre ; si
c'est pour se défendre, c'est-à-dire pour sauver
l'existence nationale en péril, c'est encore un
malheur et une faute que de s'être mis dans la
situation de pouvoir être attaqué, soit en ayant
un tort réel, soit en n'ayant pas su réunir autour de soi des forces assez imposantes ou assez
d'alliés intéressés au salut commun pour décou-
rager d'avance l'adversaire et pour assurer sans
combat le triomphe de la justice. En résumé, le

gouvernement qui est réduit à employer le suprême remède de la guerre, ne doit prendre ce
parti qu'à la dernière extrémité, et seulement
pour suppléer par la force à l'habileté qui lui a
fait défaut, ou, pour parler plus exactement à
une habileté supérieure qu'il ne lui a pas été possible d'atteindre. Qu'il s'agisse, en effet, des
œuvres de la politique ou des plus humbles travaux de l'industrie, que l'on considère ceux qui
ont en main la conduite des peuples, ou l'ou-
vrier qui s'applique plus ou moins ingénieuse-
ment à sa modeste tâche, tout appel à la force
matérielle constate (si l'on y regarde de près)
l'impuissance relative de l'esprit, et, toutes les
fois qu'un effort violent est nécessaire pour accomplir ou poursuivre l'œuvre commencée, c'est
que l'art véritable a manqué. On voit trop souvent le conducteur d'une machine ingénieuse
réduit à la violenter de ses mains, à redresser de
force quelque ressort faussé, à suppléer de temps
à autre par la vigueur musculaire au mécanisme
en défaut. C'est exactement le même spectacle

qu'offre à nos yeux le chef politique d'une nation, lorsque, appelant l'homme de guerre à son
aide, il est réduit à lui dire : « Je ne puis plus
avancer sans ton secours, je me suis heurté à un
obstacle que l'esprit seul ne peut franchir; il
y faut le fer et le sang. » Certes, ces occasions
ou ces nécessités d'employer la force sont souvent inévitables, et il serait absurde de ne pas le
reconnaître; mais c'est précisément à les rendre
de plus en plus rares que consiste le progrès en
ce qui touche la guerre; réduire la guerre au *mi-*
nimum dans ses causes est donc le devoir et
l'art du politique.

L'art de la guerre lui-même et le devoir de
l'homme de guerre n'échappent nullement à la
même loi et l'on verra aisément, si l'on veut y
réfléchir, que, si l'homme d'État le plus habile
est celui qui réduit à son *minimum* l'emploi de
la guerre dans la politique, le meilleur général
est celui qui réduit à son *minimum* l'emploi de
la force dans la guerre. Le chef-d'œuvre du
génie et le comble de la gloire à la guerre, se-

raient certainement d'envelopper et de capturer
l'armée ennemie sans la détruire, et de contrain-
dre une nation à céder, sans verser de part ni
d'autre le sang d'un seul citoyen. Voilà l'idéal
probablement inaccessible de l'art de la guerre,
puisque la guerre ne peut avoir pour but avoua-
ble que la cessation de la résistance qui fait
obstacle au belligérant, et non pas la douleur ou
la mort de l'homme qui résiste. Mais, si cet idéal
est inaccessible, l'art et la gloire de l'homme de
guerre consistent à s'en rapprocher autant que
l'esprit humain permet de lutter contre la nature
des choses. Non-seulement le chef militaire ne
doit verser que le sang strictement nécessaire,
mais il doit s'appliquer sans cesse à réduire au
minimum cet emploi de la violence qui est comme
la tache originelle et le fond malheureux de la
guerre. C'est avec raison que Napoléon se reproche amèrement, dans je ne sais quel passage
de ses souvenirs, d'avoir un jour, au siége de
Toulon, fait périr inutilement quelques hommes
dans un coup de main inutile, pour donner un

spectacle à une personne qu'il aimait. Combien
de fois une faute pareille n'est-elle pas com-
mise à la guerre, et dans des proportions bien
plus considérables, par légèreté, par imprudence, par inhabileté réelle, et trop souvent
par une vanité misérable? Attaquer de front une
position qu'on peut tourner, emporter une place
d'assaut quand on aurait, sans inconvénient pour
la marche générale des opérations, le temps de
la réduire, user de la baïonnette où le canon
suffirait, voilà quelques exemples de cet emploi
inutile de la force dans la guerre qui est contraire
à la loi du progrès et qui, loin d'être une source
de gloire pour un chef militaire, devrait être
considéré comme fatal à son honneur. Que
l'homme de guerre prenne donc pour règle cette
maxime et se tienne à lui-même ce langage : « De
même que le fait de la guerre est un tribut payé
à la faiblesse de l'esprit humain et à l'insuffisance
du génie politique, de même l'emploi de la force
dans la guerre est un tribut payé à l'imperfec-
tion du génie militaire, et un aveu implicite de

son impuissance. Je n'appellerai donc la violence et l'effusion du sang à mon aide que dans la mesure strictement nécessaire où il le faudra pour faire cesser la résistance qui s'oppose à la volonté de ma patrie, et je ne prendrai jamais ce parti sans me sentir un peu humilié de n'en point découvrir de meilleur ; je serai donc surtout économe de sang, et c'est du côté où me pousse l'humanité que je chercherai la gloire. »

Demandons-nous maintenant ce que doit être l'armée dans un État démocratique et particulièrement en France. Si nous considérons l'état actuel de l'Europe, la configuration de nos frontières, si souvent inondées de notre sang et de celui de nos voisins, notre intérêt capital dans le maintien d'un certain équilibre entre les puissances continentales, et l'éloignement mêlé de jalousie que notre pays inspire au reste du monde, nous n'hésiterons pas à reconnaître qu'il faut à la France une puissante armée. C'est une sage maxime de la politique anglaise que la

marine de l'Angleterre doit être toujours en
mesure de tenir tête à toutes les marines de
l'Europe réunies : sans prétendre que l'armée
française doit égaler en force toutes les armées
coalisées de l'Europe, ce qui serait impossible,
elle doit être en mesure de faire face au moins
à toutes les puissances allemandes réunies ou à
l'une de ces puissances ayant la Russie derrière
elle. C'est donc avec raison et en tenant compte
de la stricte nécessité (nécessité due, il est vrai, à
de grandes fautes), qu'on est à peu près d'accord aujourd'hui pour fixer entre sept ou huit
cent mille hommes le chiffre normal de l'armée
de ligne en France. Il faut que cette armée
soit solide, en état de supporter avec constance
les travaux de la guerre, et, par conséquent,
assez longtemps présente au drapeau pour que
l'équipement et les armes du soldat lui deviennent aussi familiers, aussi aisés à porter et à
mouvoir, aussi faciles à employer *que ses propres
membres,* selon la belle et forte maxime qui ex-
primait à Rome la perfection de l'éducation mili-

taire. Il serait donc imprudent, même en tenant
compte de l'heureuse aptitude militaire des Français, d'abaisser au-dessous de cinq années la présence effective du soldat sous le drapeau. Enfin
cette armée, pour être elle-même aussi maniable,
aussi mobile, aussi redoutable qu'une arme légère et bien trempée, pour qu'on puisse la considérer à bon droit comme l'épée de la nation
dans la main de ses chefs, doit être soutenue par
une puissante garde mobile, préparée en temps
de paix à la défense des places et au service intérieur. Si le remplacement est exclu de cette garde
mobile, si elle comprend réellement toutes les
classes de notre jeunesse, si elle est la fidèle
image de la nation sous les armes, elle n'assurera
pas seulement la sécurité du pays, elle garantira
le maintien de l'ordre public, favorisera le développement de la concorde, et deviendra, par la
force des choses, sans sortir de son rôle militaire, une des institutions politiques de la
France.

Nous rencontrons ici une des erreurs les plus

accréditées dans l'opinion du parti démocratique, et il n'est pas inutile d'en dire en passant quelques mots, car c'est une erreur bien dangereuse et qui, à un jour donné, peut devenir funeste à notre pays. On répète chaque jour à la France qu'elle n'a pas besoin d'une armée régulière si elle renonce aux guerres offensives, qu'une garde mobile ou, en d'autres termes, la nation armée suffirait à la défense du territoire et que, toute idée d'agression étant une fois chassée de l'âme de la France, elle devient par là même invincible. On voit que cette théorie repose sur une distinction absolue entre la guerre offensive et la guerre défensive ; on suppose d'abord qu'il dépend d'une nation de choisir entre l'un et l'autre de ces deux modes de guerre, et de plus qu'il y a entre ces deux modes de guerre, au point de vue pratique, une profonde différence. Ce sont là deux erreurs qu'un instant de réflexion suffit pour mettre en pleine lumière. C'est d'abord une erreur de fait que de croire qu'une guerre défensive réclame moins de qualités militaires et de-

mande une armée moins exercée qu'une guerre
offensive : s'il y avait une différence entre ces deux
espèces de guerre au point de vue des efforts que
chacune d'elles exige et des qualités nécessaires
à l'armée qui doit la soutenir, la balance pen-
cherait plutôt du côté de la guerre défensive, car
le devoir de combattre en reculant sur son territoire envahi exige plus de force d'âme, plus
de fermeté dans le jugement et plus de constance militaire que l'action d'envahir le pays
ennemi avec l'élan que donnent à l'homme, et
particulièrement à notre race, l'entrain de l'attaque et l'espoir de la conquête.

En outre, rien n'est plus vain au point de vue
politique, ni plus dénué de sens que cette distinction, aujourd'hui en faveur dans beaucoup d'esprits, entre la guerre offensive et la guerre défensive. Ce n'est point l'acte matériel de franchir la
frontière de l'ennemi ou d'attendre l'ennemi sur
son propre territoire qui distingue, aux yeux d'un
esprit juste, la guerre offensive de la guerre défensive. Pour faire légitimement une distinction de ce

genre, il faut se reporter aux actes antérieurs à cette première démarche militaire et se demander sincèrement où est l'agresseur. On reconnaîtra souvent, et même le plus souvent, que l'agresseur apparent, c'est-à-dire celui qui, poussé à bout, tire le premier l'épée, agit de la sorte sous la contrainte de la nécessité et a le droit strict de dire qu'en attaquant, il ne fait que se défendre. Qui a passé la frontière en 1859 ? N'est-ce pas l'Autriche ; et pourtant quel homme éclairé en Europe prétendra que l'Autriche faisait politiquement une guerre offensive ? Si le Danemark, menacé de démembrement par la Confédération germanique, avait été en état de devancer l'attaque en passant la frontière, eût-on osé dire que le Danemark était l'agresseur ? Et nous-mêmes, si la Prusse poursuit, avec l'annexion de l'Allemagne du Sud, son projet déclaré de ranger sous son drapeau tout ce qui parle allemand en Europe, osera-t-on nous qualifier d'agresseurs, si, au lieu de l'attendre à Strasbourg, nous allons au-devant d'elle à Mayence ? Et, quand nous

sommes allés, en 1854, de concert avec l'Angleterre empêcher, en envahissant la Crimée, une
destruction de l'empire turc qui eût précipité l'a-
baissement de la France, étions-nous des agresseurs et ne faisions-nous pas, si loin de notre territoire, une guerre défensive pour notre grandeur
légitime et pour l'indépendance future de l'Occi-
dent? Il n'y a donc rien de fondé, ni au point de vue
militaire, ni au point de vue politique, dans cette
vaine distinction entre les guerres offensives et
les guerres défensives qui est l'argument favori
de ceux qui combattent ordinairement l'institution et le maintien d'une armée permanente. La
vérité sur ce point est que l'effectif de cette armée
permanente, fixé chaque année avec pleine autorité par les représentants de la nation, doit varier
selon l'aspect général des affaires et selon l'état
politique et militaire de l'Europe. L'effectif élevé
que la nécessité nous impose aujourd'hui, pourra
donc être réduit aussitôt que les fautes inouïes
qui nous ont inopinément chargés de ce lourd
fardeau, seront réparées par nos efforts ou par

les faveurs de la Fortune. Mais, jusqu'à ce jour,
puisse l'oreille de la France rester fermée à des
théories qui, dans l'état présent du monde, mettraient en péril, non-seulement ce qui lui reste de
grandeur, mais son existence même!

Quel doit être le caractère politique de cette
armée permanente, et par quel moyen doit-on empêcher qu'elle n'exerce une influence irrégulière
sur les affaires publiques? Cette réflexion ne se
serait pas même présentée à notre esprit avant
les événements de 1851; mais, après cette répé-
tition agrandie du 18 brumaire, il est impossible
de ne point mettre cette question au nombre des
préoccupations de l'avenir. Pour un pays où l'armée a joué un rôle illégal dans la main du pouvoir exécutif, on ne peut oublier qu'un danger
plus grand encore est à craindre : c'est qu'in-
struite de sa force et habituée à mépriser le
droit, cette armée ne prenne goût à des actes
de cette nature, ne conçoive l'idée de les accomplir pour son propre compte, et ne devienne
de la sorte un instrument d'ambition et de riva-

lité dans la main de ses chefs. L'Espagne, si
digne d'un meilleur sort, nous offre, depuis de
longues années, la terrible image d'une nation
chez laquelle l'armée joue par elle-même le rôle
d'un corps politique, soutient, élève, renverse
des cabinets, si bien que les casernes ont presque remplacé le forum et changent, par de fré-
quents coups de main, le sort du pays.

On a le droit d'espérer que cette dégradation
sera toujours épargnée à la France, et que, si
l'armée joue encore un trop grand rôle et un
rôle illégal dans nos discordes, ce sera du moins
(comme il est arrivé jusqu'ici) sous l'inspiration
et d'après l'ordre d'une autorité civile. Il faut, en
effet, remarquer que le 18 brumaire lui-même
s'est accompli sous le couvert et avec la conni-
vence d'une autorité légale, et, quant aux événements de 1851, c'est au ministre de la guerre
d'alors et au chef même de l'État que l'armée
prêtait aveuglément obéissance, en détruisant les
institutions. Certes, il eût mieux valu que l'armée possédât l'entier discernement de son devoir,

mais il y a encore un abîme entre cette façon
d'errer et l'acte d'une armée en révolte contre
son chef naturel, c'est-à-dire contre *le ministre*
qui lui donne des ordres légitimes au nom de la
loi; car, bien qu'un général soit ordinairement
chargé chez nous des fonctions de ministre de la
guerre, c'est en sa qualité d'*autorité civile* et non
point comme supérieur militaire qu'il commande
souverainement à l'armée. Jusqu'à présent, l'autorité ministérielle a été respectée dans l'armée
française; on peut même dire qu'elle l'a été
jusqu'à l'excès, puisque des ordres inconstitu-
tionnels donnés par cette autorité n'ont point
rebuté son obéissance; or, tant que cette autorité, agissant dans la limite des lois, n'aura pas
été méconnue par notre armée, nous serons
encore à l'abri de l'anarchie militaire qu'on peut
considérer comme la forme la plus honteuse de
la décadence.

Il convient néanmoins d'écarter jusqu'à l'ombre d'un tel péril, en maintenant l'esprit civique
dans l'armée et en pénétrant de cet esprit toutes

nos institutions militaires. A ce point de vue, la
loi nouvelle est un progrès en ce qu'elle détruit
l'esprit prétorien de la loi précédente, où l'on
avait cherché à enchaîner indéfiniment le soldat
au drapeau, et à lui faire considérer comme une
carrière définitive et lucrative ce qui n'est que
l'accomplissement d'un devoir envers la patrie.
Un service relativement court, réparti sur un
grand nombre de jeunes gens, l'absence de toute
pensée de lucre, l'idée dominante qu'il s'agit de
l'acquittement d'une dette envers la nation, avec
la chance égale pour tous d'un avancement légitime, mais avec le désir sincère chez le plus
grand nombre de revoir le foyer domestique et
d'y reprendre le travail interrompu, voilà les
éléments de l'armée vraiment démocratique et
citoyenne qui convient à la France. Une telle
armée peut soutenir efficacement notre grandeur
sans être jamais dangereuse pour notre liberté.
Il en sera un jour en France, nous l'espérons
du moins, comme en Angleterre où l'idée de
tourner l'armée contre la puissance parlemen-

taire n'entrerait pas même dans la tête d'un fou ; toutefois, pendant l'époque de transition que nous avons encore à traverser, il ne serait pas inutile d'établir par une loi qui serait enseignée à chaque soldat et qui ferait partie intégrante de nos codes militaires, que toute force armée dans le département de la Seine est tenue d'obéir aux ordres directs du Président de l'Assemblée nationale, à quelque militaire que ces ordres s'adressent, et que la responsabilité personnelle et la peine capitale seront encourues, sans distinction de grade, par tout officier ou soldat qui méconnaîtrait ce premier de tous les devoirs.

Il nous reste encore à parler de l'existence de certains corps privilégiés, tels que les gardes impériales ou royales et de certains titres et décorations, telles que le maréchalat et la Légion d'honneur, et à nous demander si ces diverses institutions doivent subsister dans l'armée d'un État démocratique et libre. La difficulté disparaît en ce qui touche les corps privilégiés, si le gou-

vernement est républicain; elle est à peine dis-
cutable, si le gouvernement est une monarchie
soumise aux conditions que nous avons indiquées
dans cet ouvrage. Le souverain constitutionnel
dont nous avons tracé l'image ne peut avoir, en
effet, aucun intérêt distinct de celui de la nation,
ni aucun motif pour attacher particulièrement à
son trône, qui touche de si près à une simple
magistrature, une portion quelconque de l'armée.
Nous n'entendons pas, d'ailleurs, qu'il commande
à l'armée autrement que par l'intermédiaire du
ministre de la guerre, responsable devant le
Parlement de cette partie si importante de l'administration publique. Quant aux services que
peuvent rendre en temps de guerre ces corps
privilégiés, rien n'est plus contestable que leur
utilité, et la plupart des personnes qui ont étudié
sans parti pris cette question, assurent que l'existence et l'emploi de ce genre de troupes entraî-
nent plus d'inconvénients que d'avantages.

La question est moins facile à résoudre en ce
qui touche ce titre de maréchal, qu'un proverbe

populaire présente à chaque soldat français
comme le but suprême de l'ambition guerrière.
L'ancienneté du titre, son illustration indirecte
par les noms vraiment grands qui l'ont honoré,
dans l'ancien régime comme dans le nouveau,
sa popularité parmi nous, rendent difficile une
suppression que conseilleraient pourtant le bon
sens, l'intérêt du service, où ce titre est souvent gênant pour le choix des chefs, et l'instinct
légitime de la démocratie, qui ne veut entre les
citoyens, même sous les armes, aucune distinction personnelle. Certes, les grands noms
militaires de notre première république ne perdent rien à n'être point accompagnés du titre
de maréchal, et n'en brillent que d'un éclat
plus pur dans notre souvenir. Mais il est peut-
être sage d'attendre des progrès inévitables de
l'esprit démocratique l'impulsion qui doit emporter ce débris si respectable du passé, et il y
a peu d'intérêt à devancer l'opinion sur des points
où l'on peut si aisément prévoir et attendre son
concours. Nous ne parlons ici que pour mémoire

des titres nobiliaires que l'on a vu conférer, dans
ces dernières années, à certains généraux, en
récompense de leurs services. Il est évident que,
sans proscrire ni protéger les titres de noblesse,
une république n'en conférerait plus aucun, et
il est à peine besoin d'indiquer que la monarchie constitutionnelle dont nous avons tracé
le tableau, serait sur ce point dans la même
situation que la république. On cesserait donc
seulement d'alimenter parmi nous la fièvre malsaine des distinctions honorifiques, on laisserait
le temps en atténuer les effets, et l'on pourrait
compter sur le progrès de l'esprit démocratique
pour en tarir la source.

L'institution de la Légion d'honneur, si habilement imaginée par le premier Consul et si essen-
tiellement appropriée à notre faiblesse nationale,
a jeté de profondes racines en France et serait
encore aujourd'hui indestructible, sans le prodigieux abus qu'on en a fait. Mais, à force de voir
cet insigne qui était réservé, dans le dessein de
son auteur, aux mérites éminents de tout genre

répandu avec une prodigalité inouïe jusqu'aux derniers rangs de la médiocrité, et trop souvent plus bas encore, on s'est habitué en France à le dédaigner, sans cesser cependant de le rechercher. Néanmoins, c'est aujourd'hui une distinction parmi la classe éclairée que de ne point recevoir ou de ne point porter cet insigne, et le progrès de l'esprit public est sensible à cet égard depuis une vingtaine d'années. Sur ce point comme sur celui des titres nobiliaires, on peut attendre beaucoup du temps et de l'opinion. On comprendra tôt ou tard que l'ordre de la Légion d'honneur n'est pas autre chose, dans l'ordre civil, qu'un lien de dépendance de plus envers le pouvoir exécutif et qu'un moyen ingénieux, grâce à la hiérarchie des grades, de créer et d'entretenir des solliciteurs. Avoir institué l'avancement et la sollicitation à l'usage des Français, *en dehors même des fonctions publiques,* c'est un trait de génie digne du premier consul, et il a trouvé ce moyen dans la Légion d'honneur qui tient toutes les médiocrités en haleine pendant toute leur vie, tandis que les citoyens vraiment illustres par leurs services n'en ont aucun besoin pour les signaler aux yeux de tous, ni pour rehausser leur gloire. Mais, bien que cette institution soit évidemment contraire, par ses effets plus encore que par son principe, à la liberté et à la démocratie, ce serait braver un préjugé puissant que d y porter atteinte par les lois et que de ne point laisser faire la ré-flexion et les mœurs. Les bons citoyens peuvent cependant prêcher d'exemple sur ce point en n'acceptant pas cette distinction, même de mains amies, et plus leur illustration personnelle sera visible plus cette leçon salutaire tombera de haut.

Mais, tandis que le citoyen, éminent dans l'ordre civil, n'a pas besoin pour être connu de cette marque matérielle de sa valeur, il n'en est pas de même du militaire et surtout du soldat qui a réellement dépassé par l'héroïsme les limites du devoir et qui a mérité qu'on se souvînt tou-jours, en le voyant, de ce que lui doit la patrie. La belle action du militaire ne ressemble point à

19

la gloire soutenue de l'auteur, du savant ou de
l'artiste; cette action n'a qu'un éclat passager
et s'efface promptement du souvenir; il est juste
et humain qu'un signe permanent de la gratitude
nationale empêche cet injuste oubli. La noble et
simple institution des *armes d'honneur*, décernées
non point par le pouvoir exécutif, mais par les
représentants de la nation sur le rapport du pouvoir exécutif, remplacerait avec avantage la récompense actuelle; cette distinction se rattache
par son origine au temps héroïque où *avoir bien
mérité de la patrie* était la plus haute des récom-
penses; elle rappellerait par sa rareté même et
par son pur éclat ces couronnes si illustres et si
enviées que les Romains ménageaient à leurs
premiers soldats; elle ne risquerait pas enfin
d'être jamais confondue avec ce bout de ruban
que se disputent aujourd'hui dans les anticham-
bres de nos administrations la médiocrité impor-
tune et la docilité complaisante.

Nous arrêtons ici cette esquisse des principales réformes qui peuvent renouveler la face

de notre pays et fonder enfin la liberté au sein
de la démocratie française. Quelques réflexions
sur les épreuves de notre passé et sur les difficultés de l'avenir feront mieux sentir encore
combien ces réformes sont nécessaires.

LIVRE III

Quelques notions d'histoire nationale et quelques
conseils à la génération présente.

CHAPITRE PREMIER

DE LA CHUTE DE NOS DIVERS GOUVERNEMENTS DEPUIS 1789.

Notre histoire nationale, depuis 1789 jusqu'au jour où j'écris, ressemble, de l'aveu de tous, à un roman ; elle est semée de plus d'événements imprévus, de plus d'actions glorieuses, de plus de faiblesses misérables, de plus de catastrophes que ne l'a jamais été dans un espace de temps si court l'histoire d'aucun peuple ici-bas. Si l'on cherche pourtant à se reconnaître dans cette confusion d'événements et à mettre par la réflexion quelque ordre dans ces ruines, on en vient bientôt à comprendre que la Révolution

française est encore inachevée en ce qui touche
l'ordre politique, tandis qu'elle a enfanté un
ordre social dont la tempête n'a fait jusqu'ici
qu'éprouver la solidité et qui semble inébran-
lable. On ne saurait donc trop le redire : la Révolution française a fondé une société, elle cherche
encore son gouvernement.

D'où vient cet échec politique de la Révolution et à quoi doit-elle enfin aboutir? Cette suc-
cession de crises n'est-elle qu'une longue épreuve,
destinée à nous faire paraître un jour plus chère
et plus douce la jouissance des grands biens que
nous poursuivons depuis si longtemps sans les
atteindre; ou bien n'est-elle que le symptôme
renaissant d'une maladie incurable qui dévore
notre être et qui doit mettre fin à notre existence.
Gardons-nous de cette dernière pensée, conser-
vons jusqu'au bout la sainte espérance, et avec
elle le dévouement à notre tâche quotidienne et
l'ardeur du bien.

Ce qui a rendu chacun de ces échecs plus
douloureux encore pour la nation et ce qui a fini

par user son courage, c'est la bonne foi et l'intensité des espérances qu'avait soulevées chaque tentative nouvelle. 89 n'a pas eu seul le privilége de voir notre pays rempli d'une confiante ardeur et livré aux illusions les plus douces ; ce spectacle s'est reproduit plusieurs fois dans des proportions moindres, et il a fallu du temps et bien des blessures pour épuiser la provision d'espoir et de bonne volonté que contenait le grand cœur de la France.

Parmi ces illusions généreuses, celle qui a saisi notre race en 1789 est à la fois la plus complète, la plus légitime et la plus digne de la pitié de l'histoire. L'imagination peut à peine se représenter aujourd'hui la douceur décevante de cette belle aurore. Ceux que l'Évangile appelle les hommes de bonne volonté semblaient pour la première fois maîtres des choses de la terre. Un peuple doux et confiant, habitué depuis des siècles à souffrir avec patience, et attendant enfin de ses guides naturels le redressement de tous ses griefs, une classe moyenne, riche, éclairée,

honnête, une noblesse qui mettait alors son orgueil à dédaigner ses priviléges, éprise de philosophie, ardente pour le bien public, un clergé
pénétré d'idées libérales, un roi enfin aspirant
à fonder l'ordre légal, à anéantir lui-même le
pouvoir arbitraire et à mériter le beau titre, si
éphémère sur sa tête, de restaurateur de la liberté
française, quel spectacle était plus capable de ravir
la pensée, et, si la Fortune avait tenu ce qu'elle
semblait alors promettre, quelle grandeur eût
approché de celle de la France ! Qu'on se figure,
s'il est possible, cette vieille et puissante nation,
subitement rajeunie sous un souffle nouveau,
réussissant, par le seul effort de la raison et des
vertus publiques, par le concours volontaire de
tous les gens de bien, à passer d'un despotisme
séculaire à la liberté qui convient aux temps modernes, gardant la race illustre entre toutes de
ses rois, et entourant enfin d'institutions sages ce
trône antique, sorte de palladium de la race des
Francs, associé dès le berceau à toutes nos
vicissitudes, resplendissant de toutes nos gloires,

à la fois l'instrument et le symbole de notre
unité nationale! Certes, aucune nation ne serait
arrivée d'un seul coup à ce comble de grandeur
et de bonheur, et aucune page comparable à
celle-là n'eût jamais été écrite dans l'histoire du
monde.

C'est sans doute parce qu'une telle bonne fortune eût dépassé de trop haut le niveau ordinaire
des choses humaines que la France a été précipitée de ses illusions d'alors dans un sanglant
abîme. Le voyageur qui, après avoir été témoin de
cette sainte ivresse, aurait repassé dans ce même
pays trois ans plus tard, aurait vu avec stupeur
la place publique inondée du plus noble sang;
des simulacres honteux de jugement envoyant à
la mort les plus pures et parfois les plus éloquentes victimes; une Assemblée, esclave de la
populace, terrible aux ennemis du dehors et à la
France révoltée, mais délibérant elle-même sous
le poignard, livrant à de vils meurtriers tout ce qui,
dans son propre sein, dépassait le niveau commun
par l'esprit et le courage, et préparant la France au

joug du despotisme en lui arrachant tous ceux
de ses enfants qui ne savaient pas courber le
front. Et lorsqu'on cherche les causes de cet affreux changement, on hésite à les marquer, tant
elles semblent d'abord disproportionnées avec de
tels malheurs. Le roi était à la fois trop défiant et
trop faible ; la reine et les amis de la reine con-
çurent de bonne heure une haine aveugle contre
la Révolution et adoptèrent les moyens les plus
maladroits pour la combattre ; le point d'honneur
qui joue, dans toutes nos discordes civiles, un si
grand rôle et qui nous porte toujours à nous
pousser à bout les uns les autres, s'empara de la
noblesse, rappelée à ses anciens penchants par le
péril du trône, et lui fit considérer comme une
erreur et comme une lâcheté ses concessions
premières ; le même orgueil animait les nova-
teurs et, des deux côtés, l'épée fut tirée à la
française, c'est-à-dire en jetant au loin le fourreau ; la maladresse janséniste et l'ignorance pratique des conditions véritables de la liberté des
cultes produisirent une funeste tentative d'orga-

nisation de l'Église par l'État et aliénèrent irrévocablement à la Révolution la partie même du
clergé qui l'avait vue d'abord avec faveur; enfin,
sous la docilité apparente des classes inférieures,
dans les villes et dans les champs étaient ca-
chés des trésors de haine, accumulés pendant
des siècles contre l'iniquité féodale, haine si profonde et si vivace, que le temps et la jouissance
paisible de l'égalité n'ont pu l'épuiser ni l'amor-
tir, et que le fantôme de l'ancien régime a encore
aujourd'hui dans nos campagnes plus de puissance que le spectre même du socialisme pour ef-
frayer les esprits et soulever les cœurs. Cette
haine populaire, qui est encore de nos jours une
des ressources de la démagogie, offrait alors une
force incalculable à ceux qui voulaient précipiter
la Révolution dans les voies de la violence, tandis
que la désorganisation de la force armée et l'impossibilité notoire, dès le début de la Révolution,
d'employer cette armée à la défense de l'ordre
intérieur, laissaient le champ libre à toutes leurs
entreprises; en même temps éclatait la guerre

étrangère qui, d'abord par des revers et bientôt
par son étendue et sa grandeur, enivra les âmes,
les habitua aux résolutions extrêmes et aux partis
violents, et fit disparaître tout scrupule de léga-
lité, de liberté et de justice devant l'intérêt suprême du salut commun.

Sortie ainsi de ses voies, la Révolution s'égara
de plus en plus dans de sanglantes impasses et
ne créa plus, sous des formes variées et sous des
noms divers, qu'une série de dictatures jusqu'à
ce qu'elle tombât épuisée sous la main d'un
maître. Ce maître pouvait-il cependant sauver la
Révolution, la purifier, l'affermir et donner à la
France républicaine, désormais tranquille du côté
de l'Europe, l'ordre et la liberté. Tout porte à
croire que cette belle action, une des plus grandes
et des plus glorieuses qui eussent honoré l'espèce
humaine, ne dépassait pas la mesure de son pouvoir ; mais elle était malheureusement au-dessus
de son esprit, imparfaitement éclairé, et surtout
au-dessus de son cœur. Le surprenant génie de
Napoléon fera toujours par ses contrastes et ses

effrayantes lacunes l'étonnement de l'histoire.
Malgré le retour exagéré d'opinion qui se manifeste de nos jours contre cette grande mémoire, et
malgré des revers qui, produits uniquement par
la folie de sa politique, n'entament point sa gloire
militaire, il est absurde de contester, comme on
l'a fait quelquefois, que jamais le génie de la
guerre et de toutes les parties de l'administration
qui touchent à la guerre, n'a été porté à ce point
parmi les hommes. Plus on contemplera ce chef
d'empire aux prises avec tous les problèmes que
peut soulever la conduite de la guerre, plus on
reconnaîtra qu'il y avait en lui pour ce genre de
travaux une force secrète qui n'a été jusqu'ici
concédée à aucun mortel. Mais, lorsqu'on voit de
quel prix cette prodigieuse intelligence a payé ce
don redoutable, combien elle était étroite pour
presque tout le reste, étrangère aux idées de justice, peu propre à comprendre l'histoire et le
temps même où elle vivait, asservie à la passion de
l'intérêt personnel et grossièrement aveugle sur cet
intérêt même, on se surprend involontairement à

penser à ces enfants qu'on découvre parfois dans
nos campagnes, doués pour le calcul mental d'une
puissance surhumaine et que les savants les plus
exercés ne peuvent suivre avec la plume. On sait
comment finissent ordinairement ces prodiges :
non-seulement ce don extraordinaire du calcul
est le plus souvent expié par l'extrême médiocrité
des autres facultés de l'esprit, mais ce don même
devient stérile, parce qu'il est presque impossible
de régler cette force instinctive et démesurée,
de l'appliquer utilement et de la guider dans le
chemin de la science selon les lois de la raison..
L'ignorance où nous sommes de ce qui peut exister hors des limites de notre habitation terrestre
nous permet bien des hypothèses. On peut concevoir sans trop de peine un monde où la force
du calcul, la puissance des combinaisons, la
faculté du travail seraient infiniment plus déve-
loppées que dans le nôtre, en même temps qu'on y
chercherait vainement certaines qualités morales
et intellectuelles communes parmi nous. Cette
âme singulière, mélange inouï de force et de

petitesse, n'a-t-elle pu nous venir d'ailleurs et s'égarer sur notre globe pour y laisser cette trace lumineuse et sanglante qui exercera toujours l'imagination des hommes? Les ennemis de Napoléon l'ont souvent appelé un monstre au point de vue moral, et il y avait dans ce terme ainsi employé une exagération grossière et une évidente injustice ; mais cette expression devient exacte si on la prend dans son acception scientifique pour l'appliquer à cette extraordinaire intelligence, si puissante et si faible, si mal pondérée, si disproportionnée avec elle-même. Oui, c'est au point de vue intellectuel que Napoléon peut être appelé, sans exagération et par ses admirateurs mêmes, un monstre; au point de vue moral, on ne remarque en lui que cette absence de discernement entre le bien et le mal, cette soif impérieuse du succès, cette indifférence absolue à l'injustice des moyens, que nous rencontrons à chaque pas au même degré dans la vie ordinaire et qui exposent tous les jours un trop grand nombre de nos concitoyens à la juste rigueur des lois.

Cet incomparable génie n'était donc, au point de vue moral, ni meilleur ni pire que beaucoup de nos semblables ; mais ce qui lui manquait le plus (et cette lacune est peut-être la plus étonnante de toutes), c'est la grandeur d'âme, cette qualité vraiment noble qui, à l'honneur de notre race, prend fréquemment son origine dans le succès même, s'accroît et se développe du même pas que notre fortune, et élève par degrés des natures souvent vulgaires ou dénuées de sens moral, à la hauteur de la destinée imprévue que les événements ou leur énergie leur ont faite. Certes, la grandeur des conceptions existait en Napoléon au plus haut point, si l'on peut cependant appeler grand ce qui est démesuré, ce qui est hors de proportion avec les moyens d'agir mis ici-bas à la disposition de l'homme ; mais ce n'est point là la grandeur d'âme, ce que nos pères appelaient d'un terme excellent et aujourd'hui hors d'usage, la *magnanimité*. Ce n'est pas non plus que ce chef, ordinairement si dur, ne fût indulgent à ses heures, qu'il n'eût même

parfois cette bonhomie bienveillante, que la
foule incline toujours à confondre chez ses maîtres
avec la bonté, mais ces rares relâchements d'un
esprit toujours tendu, cette facilité intermittente
d'un cœur indifférent n'ont rien à démêler avec
la grandeur d'âme qui est la vraie source des
émotions nobles et des résolutions généreuses.
Voilà ce qui fit surtout défaut à Napoléon. L'histoire offrit-elle jamais, par exemple, un spectacle plus tragique et plus touchant que celui de
la France, épuisée par les terribles crises de la
Révolution, couverte de sang et de gloire, mais
inquiète et troublée, affamée de paix, d'ordre, de
liberté, cherchant sa voie après tant d'efforts
stériles et se demandant avec angoisse si tant de
sacrifices, tant de grandes actions, tant de crimes
même avaient été accomplis en vain ! Devant un
tel spectacle, une grande âme que la Fortune
aurait placée dans la situation où se trouvait le
premier Consul aurait ressenti l'émotion la plus
profonde et surtout la plus désintéressée qui pût
ici-bas agiter et élever la nature humaine : c'est

pourtant devant cette scène unique dans l'histoire (car César se trouvait en face d'une République vieillie et expirante, et non point en face de l'enfantement laborieux de la liberté moderne), c'est devant cette scène, devant la France telle qu'elle s'offrait alors, que ce grand homme incomplet donna aussitôt sa mesure en pensant surtout à lui-même, et dans cette touchante créature remplie d'instincts sublimes, mais affaissée sous le poids de ses douleurs et de ses fautes, et cherchant pour panser ses plaies et reprendre sa route, une main secourable, il n'a vu qu'une proie.

Il est donc le maître; esprit mal cultivé, imagination méridionale, échauffée par les souvenirs peu compris de la Grèce et de Rome et par quelques notions fausses sur le moyen âge, il prend pour modèle tantôt César et tantôt Charlemagne; mal instruit sur l'un comme sur l'autre, imbu surtout du fétichisme monarchique, et habile à nous inoculer de nouveau les poisons de l'ancien régime, il rêve pourpre, trône et couronne pour

les siens et pour lui, à peu près comme ces chefs
de l'invasion barbare qui croyaient se grandir
en imitant la cour de Constantinople; il parcourt
l'Europe, l'armée française dans la main, et en
abuse comme d'une verge magique qui devait
tout renverser devant lui; il l'use et la brise enfin
à la poursuite de ses chimères, et n'a plus qu'un
tronçon d'épée pour défendre le sol national;
vaincu, exilé, mais hors d'état de s'oublier ou de
se préférer un seul instant le genre humain, il
s'échappe, se relève et tombe à Waterloo, au
milieu de son dernier carnage, semblable à une
idole qui, s'adorant elle-même, aurait eu jusqu'au bout le funeste pouvoir d'attirer à soi les
victimes humaines et de les sacrifier sur ses
propres autels. Le bon sens, la raison, la philosophie même, restent interdits devant un tel
règne; c'est pour l'esprit humain un étonnement
et une confusion que n'émoussera jamais l'habitude; on se demandera toujours quelle fatalité
a tissé cette vie extraordinaire avec notre destinée nationale, au point de les confondre et d'en

faire une seule histoire, comme si la France, jetée hors d'elle-même à la suite des secousses de la Révolution, eût déliré pendant dix années.

La Restauration apportait pour la seconde fois à notre pays une chance inestimable pour concilier les principes et les intérêts de la Révolution avec le maintien de' cette antique et glorieuse maison de France, qui était encore entourée d'assez grands souvenirs pour déjouer toute compétition, et placée assez haut pour affronter sans peur le mouvement des institutions libres. On eût dit qu'une dernière faveur du sort offrait à la France une revanche du grand échec de 89 et la faculté inespérée de reprendre cet admirable ouvrage, au moment précis où le désordre intérieur et la guerre l'avaient malheureusement interrompu. Qui empêchait de considérer tout ce qui était arrivé depuis les derniers jours de la Constituante comme un mauvais rêve, heureusement dissipé par le retour de la lumière? Qui empêchait de l'effacer des cœurs, sinon de l'histoire, et d'en garder seulement l'expérience, fruit

précieux et chèrement payé d'une si cruelle leçon?
Hélas! c'est l'espoir même de cette réconciliation
entre la monarchie et la Révolution française qui
était un rêve ; et l'on vit une fois de plus l'ob-
stination des préjugés et l'amertume des ressentiments l'emporter sur les conseils de la plus
simple sagesse.

Les amis et les ennemis de la Restauration
n'ont cessé depuis sa chute d'échanger les récri-
minations et les reproches, mais leurs torts se
balancent et l'équitable postérité les condamnera
tous ensemble. Au lieu d'accepter franchement
les résultats acquis de la Révolution, de lui emprunter non-seulement ses serviteurs (ce qui était
alors, grâce à leur conduite sous l'Empire, la
partie la moins précieuse et la moins respectable
de son héritage), mais surtout ses principes, ses
symboles et ses emblèmes, tels que le drapeau
tricolore sur lequel les fleurs de lis auraient si
noblement indiqué la fusion de l'ancienne France
avec la nouvelle; au lieu de chercher hardiment
dans le plein exercice du gouvernement parle-

mentaire et dans la réforme radicale d'un système d'administration despotique, son originalité, sa raison d'être, son titre particulier de
gloire aux yeux de la France, la Restauration
aima mieux déclarer à la Révolution une guerre
impuissante, guerre de mots, car il n'était pas en
son pouvoir de revenir sur les choses, et elle ne
pouvait qu'alarmer et irriter ses ennemis sans les
détruire. Mais, si la conduite de la Restauration
(sauf dans l'espace si court et si glorieux pour
elle qui précéda l'assassinat du duc de Berry)
fut malhabile, si le coup d'État qui lui procura
une mort violente, au moment où l'application
légale du gouvernement parlementaire l'eût sans
doute consolidée d'une façon définitive, fut un
acte d'ineptie sans exemple, même dans notre
histoire, la conduite des ennemis de la Restauration est plus blâmable encore, car l'extrême
maladresse est plus digne d'indulgence que la
mauvaise foi.

Certes, il serait injuste de prétendre que la
Restauration ne comptait pas dans la jeunesse

d'alors plus d'un ennemi honnête et sincère, surtout si l'on considère l'absurdité suprême avec
laquelle la Restauration, affectant l'intolérance
religieuse, parut menacer la liberté de conscience,
prit généreusement à son compte tous les torts
de l'Église catholique dans le passé comme dans
le présent, et sembla provoquer à un combat
mortel tous les amis de la libre pensée. L'hostilité irréconciliable que soulevaient de telles folies
n'est que trop aisée à concevoir, et cette hostilité était si sincère dans une partie de la jeunesse, que, chez nombre des survivants de cette
époque, on la trouve vivace encore, curieux et
naïf témoignage, au milieu de nos propres infor-
tunes, des fautes et des malheurs d'un autre âge.
Mais aucune de ces raisons ne dissimulera aux
yeux de la juste postérité la laideur du bonapartiste libéral, tel que la Restauration l'a connu
et supporté pendant quinze ans. Je ne parle certainement pas ici de l'officier à demi-solde ou du
vieux soldat qu'a immortalisé Béranger, incon-
solable des revers de la patrie plus encore que

de sa propre infortune, naïvement attentif aux
échos de Sainte-Hélène, et accusant de bonne
foi les Bourbons et les émigrés de la grande catastrophe qui leur avait si inopinément ouvert la
France ; ce type célèbre du préjugé populaire
contre la Restauration est digne de toute notre
sympathie, et, en ce qui me touche, de bien
chers souvenirs, à défaut même du sentiment de
la justice, m'ordonneraient de le respecter. Mais
cette sympathie et ce respect n'ont rien à démêler
avec les serviteurs sans scrupules du despotisme
impérial, devenant, du jour au lendemain, contre
la Restauration, les apôtres intolérants et exi-
geants de la liberté politique. On ne doit qu'une
sévère justice à ces personnages impudents, qui,
n'ayant rien eu à redire à la Constitution de
l'an VIII, trouvaient leur grande âme à l'étroit
dans la Charte constitutionnelle ; qui, ayant ap-
prouvé qu'on mît au pilon les œuvres de madame
de Staël, s'indignaient des moindres entraves
opposées à la liberté d'écrire ; qui, ayant envahi
sans forme de procès, dépouillé et administré des

journaux pour le compte de la police impériale,
pouvaient à peine supporter, quelques années
plus tard, qu'un jury réprimàt les excès de la
presse, que ne blessait pas, sous l'Empire,
l'image des prisons d'État et des détentions sans
jugement, mais que révoltaient, sous la Restauration, les moindres précautions prises contre le
fléau renaissant des conspirations militaires. Malgré l'excuse ordinaire de l'inintelligence qu'allè-
guent le plus souvent les défenseurs de ces tristes
mémoires, on ne saurait appliquer à de tels hommes
la parole clémente de l'Évangile, qui ordonne de
pardonner à ceux qui ne savent pas ce qu'ils
font. La contradiction entre leur conduite passée
et leur conduite présente était trop grossière pour
leur échapper à eux-mêmes ; leur mauvaise action était à la portée de leur jugement, car ils ne
pouvaient ignorer, si incapables de discernement qu'on les suppose, que le moment le plus
dur de la Restauration n'était pas à comparer,
au point de vue du despotisme et du silence, avec
les moments les plus doux du premier Empire.

Ils savaient donc assez ce qu'ils faisaient pour avoir aujourd'hui des droits certains au mépris de l'histoire.

Nul doute que l'indignation d'avoir affaire à de tels ennemis n'ait contribué à faire perdre la clairvoyance et le sang-froid au parti royaliste, et ne l'ait entraîné à considérer comme une juste représaille le coup d'État insensé de juillet 1830. Mais, quand on est chargé de la destinée d'un grand peuple, l'indignation et l'irritation, si légitimes qu'elles soient, ne peuvent servir d'excuse, et les auteurs aveugles de cet acte de suicide ont à leur tour bien peu de circonstances atténuantes à faire valoir devant la postérité.

Plusieurs personnes éclairées qui ont vu sans intérêt personnel et sans passion le passage du gouvernement de la Restauration au gouvernement de Juillet m'ont souvent répété qu'il s'était opéré alors, dans l'état moral et social de la France, une sorte de changement subit, assez analogue à ces modifications brusques de la température que produit le coucher du soleil sous le

ciel du Midi; non pas que le cœur de la France
fût déjà refroidi comme de nos jours; au contraire, on remarquait plutôt alors un développement de chaleur et une surexcitation des esprits;
ce qui avait diminué sensiblement et sans retour,
c'était le sentiment de la sécurité générale et je
ne sais quelle dignité grave qui régnait encore
dans les luttes de la politique, dans les débats
de la presse et dans les relations sociales. Les
institutions avaient peu changé, les fonctions et
les noms des fonctions étaient restés les mêmes,
il y avait toujours un roi, des magistrats, des
pairs, des députés; mais on sentait, sans qu'on
eût besoin de se le dire, que ces divers noms ne
recouvraient plus exactement les mêmes choses,
comme si le rang et la dignité de tous s'étaient
trouvés abaissés d'un degré par un mouvement
d'ensemble. Il n'y avait, dans ce changement
général, de la faute de personne, et les hommes
ne valaient sans doute pas moins que la veille;
ils valaient même davantage, si l'on tient compte
de l'habileté pratique, de la jeunesse d'esprit,

du désir patriotique de bien faire, de l'ardeur au travail; mais le sol tremblant de nouveau avait tout ébranlé, la Révolution avait repris son cours, et la démocratie, de plus en plus voisine, achevait de dessécher, de son souffle puissant, les dernières fleurs que le tronc si souvent foudroyé de l'ancienne France produisait encore.

Des difficultés réelles et considérables entouraient d'ailleurs le nouveau gouvernement; le parti bonapartiste, si actif sous la Restauration, était tombé, après la révolution de Juillet, dans une juste insignifiance, mais le parti républicain, plus fort, plus énergique et plus illustre par le talent qu'il ne l'a été depuis, avait déclaré au pouvoir nouveau une guerre irréconciliable, tandis que l'ancienne noblesse française, une grande partie du clergé et une partie notable de la grande propriété territoriale, arrachées par leurs ressentiments à leurs instincts conservateurs, considéraient désormais les embarras et les périls de la couronne comme une sorte de vengeance du ciel que leur devoir,

aussi bien que leur inclination, était de seconder.
Néanmoins, le gouvernement de Juillet pouvait
triompher de ces obstacles, et il le prouva en les
surmontant ; il devait périr, comme le gouvernement précédent, en pleine prospérité et par des
fautes que la triste lumière de l'expérience n'a
rendues aujourd'hui que trop visibles.

C'est un plaisir que de dire librement la vérité
à ceux qu'on n'aime point et, quand ce plaisir est
aiguisé par le péril, c'est peut-être le plus doux
des penchants auquel une intelligence cultivée
puisse se laisser séduire ; mais, pour goûter ce
plaisir sans remords, il faut avoir aussi le courage autrement difficile de dire la vérité telle
qu'on la sent à ceux qu'on respecte et qu'on
aime, et c'est ce que j'essayerai de faire en parlant de la chute du gouvernement de Juillet et
du renversement de notre seconde république.
Deux choses, à mes yeux, ont détruit la monarchie de Juillet : le gouvernement personnel du roi,
de plus en plus sensible dans les affaires publiques, et un système électoral si étroit, que la

nation ne put intervenir à temps pour réformer
légalement ce gouvernement personnel et pour le
sauver de lui-même. L'immixtion abusive du roi
Louis-Philippe dans les affaires publiques ne prit
point sa source, il faut le dire à son honneur,
dans un sentiment exagéré du droit monarchique
ni dans un désir intempérant et étroit de domination personnelle : la cause de cette funeste erreur fut plus noble. Frappé d'une manière
ineffaçable par le souvenir terrible des grandes
guerres du commencement du siècle et par la
triste image de la France deux fois envahie, sincèrement persuadé qu'une politique pacifique
était le suprême intérêt de la France, et malheureusement convaincu que, si les affaires étrangères échappaient à son influence personnelle,
toute autre main que la sienne, ou que celle d'un
ministre pensant et sentant comme lui-même,
les laisserait glisser vers la guerre, le roi ne
craignit pas de professer sans cesse cette opinion
avec la liberté trop abondante et trop spiri-
tuelle de sa parole, et, ce qui était moins excu-

sable, il fit ouvertement tous ses efforts pour la faire triompher dans l'arène où s'agitaient les partis.

Comment serait-il descendu de la sorte dans cette mêlée sans y recevoir de profondes blessures? Cette imprudence, généreuse dans ses motifs, mais fatale à la Constitution et à sa couronne, fit la joie de ses ennemis et leur fournit dans la presse, comme à la tribune, le moyen trop aisé de le détruire. La politique de la paix est, au moment où j'écris ces lignes, populaire en France, et le gouvernement actuel éprouverait même une certaine difficulté à pousser, s'il le croyait utile, la nation vers la guerre. Mais, pour amener en France un revirement d'opinion si peu conforme au penchant national, il a fallu bien des imprudences et bien des fautes qui sont présentes à la mémoire de tous, et tel n'était pas, il s'en faut de beaucoup, l'état des esprits au temps de mon adolescence. A cette époque, la paix, à laquelle on savait trop bien que le roi était inviolablement attaché, était profondément impopulaire; on exa-

gérait grossièrement dans la presse les moindres
manques d'égards de l'étranger, qui abusait parfois, lui aussi, de cet attachement trop déclaré
pour la paix, et l'on faisait peser tous les jours
sur une seule tête la responsabilité de l'humiliation
prétendue de la France ; de sorte que l'on réussit
à faire tomber un souverain qui avait vaillamment
combattu sur les champs de bataille de la Révolution et qui montrait tous les jours aux assassins
un visage tranquille, dans le même discrédit que
s'il eût manqué de courage. Préoccupé, de son
côté, de garder avant tout des ministres favorables à sa politique, et se croyant comme eux en
règle avec l'opinion tant que le cabinet possédait
la majorité dans la Chambre, le roi ne s'aperce-
vait guère, surtout dans les derniers temps de
son règne, des progrès que faisait tous les jours
le flot montant du préjugé populaire ; ou bien, si
ses ministres et lui entrevoyaient ce progrès par
intervalle, sûrs de leur droit légal et forts de leur
amour sincère du bien public, ils éprouvaient un
certain plaisir à braver cette impopularité tous

ensemble, plaisir qui n'est que trop séduisant
pour des âmes fières, et qu'on peut goûter sans
remords dans la vie privée, mais qu'il faut du
moins s'interdire au pouvoir. Ils arrivèrent ainsi
au bord même du précipice, et c'est en reculant
obstinément devant un changement de ministère
qu'il regardait comme une catastrophe, que le
roi Louis-Philippe attira sur sa maison et sur
la France la catastrophe d'un changement de
régime.

Cependant, cette catastrophe eût été impossible
à produire et elle eût été sûrement prévenue si
la Chambre élective eût été autrement composée,
et si un système électoral trop étroit n'eût em-
pêché l'opinion des classes moyennes d'y exercer
une influence légitime. Admettant dans son sein,
contrairement à l'usage anglais, nombre de fonctionnaires investis du droit peu convenable de
voter leur propre traitement en votant le budget,
cette Chambre était en outre choisie par un corps
électoral si peu nombreux, qu'on ne peut guère
comprendre comment la nécessité absolue d'une

prompte réforme ne s'était pas manifestée plus
tôt à tous les bons esprits. Non-seulement les
électeurs français étaient environ quatre fois
moins nombreux que ceux de l'Angleterre, mais
la condition exclusivement pécuniaire de deux
cents francs d'impôt direct, mise au droit électoral, était telle que nombre de citoyens recom-
mandables et même considérables par leur situation et leurs lumières, et possédant même une
certaine aisance, n'y pouvaient prétendre [1]. On
ne comptait donc, dans le corps électoral d'alors,
que des citoyens arrivés à une certaine fortune,
et surtout à une fortune solidement assise et par

1. On a toujours raison de prendre en pareille matière
l'exemple qu'on connaît le mieux; on m'excusera donc si je
me prends ici pour exemple. J'habite un appartement qui me
fait payer 135 fr. d'impôt direct, ce qui, en 1847, eût été
insuffisant pour me rendre électeur. J'ai de plus une très-
modeste habitation à la campagne frappée de 108 fr. d'impôt.
Tout compris, je dépasserais donc de 43 fr. le droit électoral; mais, si l'on tient compte aussi de l'élévation générale
de l'impôt depuis lors, il est évident qu'en 1847, je n'aurais
pu être électeur et encore moins éligible, et il ne m'eût servi
de rien d'être docteur ès lettres, ancien professeur de faculté,

conséquent à peu près contents de leur sort, ce
qui est une mauvaise disposition d'esprit pour
comprendre à temps le besoin de changement
et de progrès dont sont toujours plus ou moins
agitées les sociétés modernes.

On a beaucoup abusé contre la majorité parlementaire de cette époque du mot de *satisfaits*,
qui se trouvait écrit dans je ne sais quel ordre
du jour voté par la Chambre; mais, au fond,
l'instinct public n'était pas injuste en s'emparant
de ce terme pour en faire un argument en faveur
d'une réforme. Oui, le corps électoral d'alors,
par suite de sa composition légale, comptait trop

membre de l'Institut et même propriétaire foncier. Et combien de citoyens éclairés, combien de membres des profes-
sions libérales, plus capables que moi sans doute d'exercer
sagement leurs droits politiques, s'en trouvaient alors exclus
d'une façon aussi déraisonnable! Certes, le malheur n'était
pas grand pour eux, et je donnerais bien volontiers aujour-
d'hui mon 35 millième de voix dans l'élection d'un député
en échange des garanties que la liberté possédait alors, mais
le droit de suffrage doit être réglé en vue du bien de l'État,
et c'est l'État qui avait gravement à souffrir d'un tel système
électoral.

de citoyens *satisfaits* de leur sort et ne faisait pas
une place suffisante à ceux qui ne l'étaient point.
Il ne faut jamais oublier cette maxime que la
défiance des hommes est en raison de leur
malaise et de leur peu de lumières; lorsque les
intérêts populaires ne sont pas directement représentés dans un système politique, ils s'y croient
par là même méconnus et trahis, et, lorsque les
passions populaires sont privées de toute espérance légale d'aboutir, elles s'aigrissent et s'exas-
pèrent.

En 1847, ce résultat s'était produit, et le gouvernement d'alors, tout en ayant la majorité dans
le corps électoral, comptait dans les classes
moyennes et inférieures une majorité d'adversaires. Néanmoins, l'immense majorité de ces
adversaires eux-mêmes ne souhaitait point une
révolution. Une réforme faite à temps eût con-
tenté tout le monde et un changement opportun
de cabinet eût laissé dans l'isolement une poignée
impuissante d'agitateurs. Cependant, puisque
ce cabinet avait la majorité dans la Chambre,

c'était seulement de l'initiative royale que pouvait venir un changement si nécessaire, et c'était
proprement la fonction particulière de la royauté
dans le régime constitutionnel d'alors que d'observer impartialement l'état vrai du pays, que de
pressentir le mal et que d'y porter remède. Loin
de là, le roi tenait personnellement et ouvertement à son ministère et regardait un changement de cabinet comme le plus grand des malheurs. En un mot, et pour employer l'image la
plus exacte, il s'était fait, entre le cabinet qui
devait changer et la royauté qui devait demeurer,
une sorte de *soudure* qui empêchait l'un de ces
ressorts de glisser à temps sur l'autre; et, comme
il fallait bon gré, mal gré, que le mouvement se
produisît, la partie fixe de la machine a été brisée
parce qu'elle adhérait à la partie qui devait être
mobile. Les théoriciens profonds du despotisme,
éclos depuis peu dans notre pays, n'ont cessé de
nous donner à entendre, depuis cette expérience,
que la machine parlementaire était trop compliquée pour l'intelligence obtuse de la France et

trop délicate pour ses mains brutales, ce qui est un étrange compliment à l'égard de leurs concitoyens; en revanche, ils ne tiennent aucun compte des complications autrement graves de leur propre mécanisme et des fictions grossières qui en sont le triste ornement. Le mécanisme du gouvernement parlementaire, monarchique ou républicain, est certainement le plus simple comme le plus efficace qu'on ait encore trouvé pour conduire les affaires d'un peuple libre; mais plus une machine est simple, plus il est aisé de l'anéantir si l'on méconnaît la condition élémentaire de son fonctionnement. Quoi de plus simple qu'une brouette, par exemple? Attachez pourtant la roue au corps de la brouette, roulera-t-elle? Voilà l'histoire de nos deux révolutions de 1830 et de 1848.

La chute de notre seconde République vient d'ailleurs, et nous parlerons de ce malheur avec la même sincérité que de tout le reste, car la vérité seule, outre le plaisir solide qu'elle procure à l'esprit, peut utilement nous instruire. La Ré-

publique de 1848 eut d'abord contre elle sa manière d'entrer dans le monde, c'est-à-dire la
façon irritante pour la France dont Paris, et dans
Paris une poignée d'hommes, décida le sort du
pays en décrétant dictatorialement la substitution
de la forme républicaine à la forme monarchique. On céda partout en France, mais avec
un ressentiment et une humiliation secrète qui
n'attendaient qu'une occasion pour se faire jour.
Presque immédiatement un impôt impopulaire
dans les campagnes et l'explosion inattendue des
doctrines socialistes, dont la République parut
naturellement responsable, aliénèrent au gouvernement nouveau presque toutes les classes
moyennes et la partie la plus considérable et la
plus influente des classes agricoles. Enfin une
constitution défectueuse qui mettait en présence
un Président nommé pour quatre ans et une
Assemblée unique, élus tous deux par le suffrage
universel et direct, préparait des conflits d'autorité capables d'ébranler profondément un gouvernement plus solide.

Néanmoins, ces causes de ruine n'auraient pas suffi pour renverser la République, et, quoique entourée de difficultés plus grandes encore que le gouvernement de Juillet et la Restauration, elle aurait pu les surmonter comme ces gouvernements ont triomphé des premiers obstacles mis à leur marche, si elle eût rencontré une adhésion sincère et un concours énergique parmi les anciens chefs et soutiens du gouvernement constitutionnel, qui étaient devenus de fait, par l'éloquence et le talent, les maîtres du gouvernement républicain. Au moment où se posa la question de la présidence, les anciens partis monarchiques, réunis dans la Constituante aux républicains modérés, étaient numériquement aussi bien que moralement les maîtres du Parlement et de la France. Le sentiment d'un grand péril public, et surtout les funestes journées de Juin, avaient amené un rapprochement passager entre les anciens partis monarchiques et les républicains modérés qui acceptaient le général Cavaignac pour représentant. La question de la présidence et surtout

du choix d'un candidat pour la présidence mettait les deux partis en demeure de prouver si
leur alliance, alors si nécessaire au pays, était
sincère et leur offrait en même temps une occasion unique de le prouver. Que fallait-il pour les
rassurer, chacun de son côté, sur leurs intentions
réciproques, et pour rassurer en même temps la
France sur son avenir? Se donner mutuellement
des gages et dissiper les soupçons que les deux
partis élevaient si volontiers l'un contre l'autre.
Or, ces soupçons, quels étaient-ils? Les anciens
royalistes accusaient les républicains de vouloir
porter atteinte aux institutions et aux intérêts
conservateurs de la France, et de vouloir suivre
une politique trop révolutionnaire au dedans et
au dehors. De leur côté, les républicains accusaient les anciens royalistes de n'être nullement
attachés à la République et de travailler déjà à
sa ruine. Le choix d'un candidat à la présidence donnait aux anciens partis monarchiques
un moyen décisif de répondre à cette accusation : c'était d'accepter et de soutenir loyalement

la candidature du général Cavaignac; et cette marque d'adhésion définitive à la République était d'autant plus indispensable de leur part, qu'a-dopter le candidat opposé, dont le nom et les précédents ne pouvaient faire illusion à per-sonne, c'était voter contre la République et ex-primer ouvertement le vœu de la détruire.

Cette faute capitale ne fut pas évitée, et les républicains la rendirent d'ailleurs trop facile en n'acceptant pas les conditions très-modérées que certains chefs du parti monarchique mettaient alors à leur concours. Il est vrai que les partis monarchiques eux-mêmes ne suivaient pas leurs chefs dans cet essai si honorable de conciliation, et affichaient encore plus d'intolérance que les républicains ne montraient de soupçons. L'en-tente ne put donc se produire. L'ancien parti monarchique apporta aussitôt toute sa force au secours de la candidature du prince Louis Bona-parte, et cet appui, joint au réveil de l'idolâtrie napoléonienne qui couvait toujours dans les cam-pagnes, et au mécontentement mêlé de crainte que la République y avait suscité, forma ce torrent irrésistible que nous avons vu tout emporter. Aux yeux de tout homme éclairé, cette élection était la perte assurée de la République, et dès ce jour on ne combattait plus, hélas! de part et d'autre que pour hériter de ses dépouilles. On sait assez quel fut le vainqueur et quelles furent les conséquences de sa victoire.

La chute de la seconde République sera donc mise par l'histoire à la charge des anciens royalistes qui dominaient alors le Parlement, et qui jouissaient à bon droit d'un grand crédit sur la nation, et (malgré leur effort loyal et tardif contre un dénoûment trop prévu) leur adhésion à une candidature qui était une déclaration de guerre, sinon un arrêt de mort contre la République, leur sera justement reprochée comme une faute. Nous maintenons d'abord en principe, et nous ne nous lasserons pas de le redire, qu'il est contraire au devoir d'un bon citoyen de travailler à la chute d'un gouvernement quel qu'il soit qui donne à la nation des élections libres,

la souveraineté parlementaire et un cabinet responsable. Or, non-seulement la République,
malgré sa Constitution défectueuse, ne contestait
nullement ces grands biens à la France, mais le
jeu naturel des institutions libres avait déjà mis
les anciens orateurs monarchiques à la tête des
affaires, et, s'ils évitaient (peut-être à tort) d'être
officiellement les chefs du gouvernement républicain, ils en étaient certainement les maîtres. Ils
n'avaient donc aucun motif légitime de souhaiter
la chute d'un gouvernement. que la Constitution
même leur livrait sans réserve, et qui ne deman-
dait à une opinion quelconque que d'obtenir la
majorité pour la mettre aussitôt en possession
du pouvoir. Quant au refus du général Cavaignac
et de ses amis de prendre tel ou tel engagement
sur la conduite des affaires intérieures ou extérieures, ce refus ne devait rien empêcher, puisque les lois républicaines assuraient largement
à l'Assemblée nationale sa prépondérance sur le
choix des ministres du Président, et par conséquent sur la direction quotidienne de sa poli-

tique, et que, d'autre part, le général Cavaignac
ne pouvait être personnellement soupçonné
de songer jamais à se mettre au-dessus des
lois.

Il faut donc chercher ailleurs que dans ces
engagements refusés, l'excuse des anciens partis
monarchiques pour leur conduite injuste à l'é-
gard de notre seconde République. Cette excuse
était surtout dans les passions antirépublicaines
des classes conservatrices qu'après tout ces
partis représentaient dans la Chambre, dans
le ressentiment mal éteint de la surprise de
Février, dans une ancienne hostilité personnelle
entre les chefs des anciens partis monarchiques
et plusieurs républicains de la veille, dans le
trouble mêlé de colère que les menaces du socialisme avaient jeté dans les esprits, dans l'espoir, enfin, de rétablir la monarchie constitutionnelle sans trop de secousses, après le passage
d'un Président que l'on supposait plus capable
de renverser le gouvernement que de le prendre
et surtout de le garder. On peut joindre à ces

excuses une dernière hypothèse : c'est qu'alors
même que les anciens partis monarchiques se
fussent franchement portés au secours de la candidature républicaine, la candidature opposée
aurait peut-être triomphé par la seule force du
préjugé populaire. Il n'est pas certain qu'il en
eût été ainsi ; mais, lorsque nous avons commis
une faute, c'est encore une consolation, mêlée de
tristesse, si l'on peut se dire que les événements
auraient peut-être tourné de même sans cette faute
et qu'on est innocent de fait, sinon d'intention,
dans le mal qu'on a risqué de produire.

Les ruines de la seconde République s'écrou-
lèrent donc sur tant de ruines accumulées au
milieu de nous, depuis la fin du dernier siècle,
et c'est du spectacle monotone de toutes ces
chutes que sont nés dans l'âme jadis si ardente
de notre nation, ce mortel découragement et
cette lassitude profonde, qui semblent aujour-
d'hui devenus le tempérament même de la
France. Après tant d'expériences manquées et
tant d'espoirs déçus, il s'est formé parmi nous

une sorte d'esprit public qu'on ne peut mieux
définir qu'en disant qu'il est exactement le contraire de l'esprit de 89. Autant la France était
alors portée aux illusions généreuses, autant elle
se défie aujourd'hui des tentatives les plus modestes. Paraissant désormais incapable de haine
aussi bien que d'amour, revenue de toutes les
passions et dégoûtée surtout de l'espérance, elle
considère ses gouvernements et leurs divers
efforts pour la guérir ou pour lui plaire comme
ces malades découragés qui écoutent tous les
médecins avec une tranquille indifférence, et les
accueillent mélancoliquement du même sourire.
L'étranger s'étonne des pulsations si faibles et si
lentes de ce grand cœur de la France, dont les
battements se sentaient jadis aux extrémités du
monde ; quel peuple a pourtant reçu de la nature
un sang plus riche et plus sain que la noble
nation de France ! et quel peuple ne se sentirait
plus brisé que nous après tant de secousses inutiles ! N'est-ce pas proprement notre histoire,
telle que je viens de la rappeler dans ces pages,

22

qu'a peint le plus grand des poëtes en parlant de Sisyphe :

..... Et semper victus tristisque recedit;
Nam petere imperium, quod inane est, nec datur unquam,
Atque in eo semper durum sufferre laborem,
Hoc est adverso nixantem trudere monte
Saxum, quod tamen a summo jam vertice rursum
Volvitur, et plani raptim petit æquora campi.

Combien ce rocher fatal, vainement soulevé, n'a-t-il pas déjà écrasé de citoyens généreux dans sa course ? Que de fois le peuple français a-t-il cru saisir enfin l'ordre dans la liberté et dans l'égalité pour reculer aussitôt les mains vides !

..... Et semper victus tristisque recedit.

C'est cette tristesse que nous respirons tous, jeunes et vieux, traversant ce siècle, et c'est en proportion de notre patriotisme et de nos lumières que nous la sentons plus ou moins peser sur nos cœurs.

CHAPITRE II.

DES SIGNES LES PLUS APPARENTS DE LA DÉCADENCE D'UN PEUPLE.

Lorsqu'on rappelle que tout ce qui existe doit mourir, il semble qu'on énonce une vérité si banale, que nul ne puisse jamais être tenté d'y contredire. Mais il ne suffit point de ne pas contester cette vérité pour la bien comprendre, et l'idée de la mort répugne si fortement à la nature animée, que, tout en acceptant le mot, notre esprit s'arrête difficilement sur la chose et n'y croit jamais qu'à moitié. Le moindre prétexte suffit à l'esprit humain pour écarter l'idée de la mort, et nous confondons volontiers, par exemple, les

existences à longue période avec l'impossibilité
de mourir. Nous ne faisons aucune difficulté sur
les êtres éphémères; nous accordons sans peine
qu'une fleur, un insecte, ne naissent que pour
être aussitôt détruits. Pour nous-mêmes, dont la
vie est pourtant si courte, nous avons tourné le
problème, et, outre notre espérance obstinée dans
la prolongation de notre vie physique, au milieu
même des signes les plus évidents d'une dissolution imminente, nous nous sommes heureusement
persuadé, non sans de grands avantages pour
l'ordre social, que cette dissolution n'atteint que
notre corps et laisse intact le droit de notre personne morale à l'immortalité. Quant à ces grands
corps, tels que les planètes et les soleils qui nous
emportent à travers les espaces comme une pous-
sière animée répandue sur leur surface, ou qui
nous inondent d'un flot toujours égal de chaleur
et de lumière, notre imagination n'admet guère
pour eux l'idée de la mort et nous refaisons
facilement à leur égard le raisonnement que Fontenelle prête aux roses : « Pour les roses, dit-il,

les jardiniers sont immortels, car de mémoire
de rose on n'a vu mourir un jardinier. »

Quoi d'étonnant si les nations, qui sont à leur
manière des êtres animés et dont l'existence politique peut mettre des milliers d'années à s'accomplir, nous paraissent souvent, en dépit de l'expérience, au-dessus des atteintes de la mort! Ce
n'est pas cependant que des cadavres de nations
n'aient souvent jonché le sol de notre planète et
n'y aient même disparu, absorbés et transformés
tout comme d'autres cadavres. La plus grande
de ces dépouilles, ce corps immense, qui couvrait
le monde ancien et qui était formé lui-même des
débris de tant de peuples, a été dévoré par les
races barbares, et nous sentons tous les jours que
quelque chose de son sang a passé dans nos
veines; il en reste donc si l'on veut quelque
chose; mais cette personnalité, la plus puissante
et la plus majestueuse que la terre ait vue et qui
portait le nom imposant de Rome, où est-elle?
N'a-t-elle pas, tout comme un être humain, disparu dans la mort? Et cette autre personne,

d'une grâce et d'un esprit incomparables, sage à
ses heures, héroïque souvent, toujours éprise du
beau, poëte, philosophe, artiste, guerrière, mélange adorable des traits de Minerve avec ceux
de Vénus et d'Apollon, la glorieuse et séduisante
Athènes, qu'est-elle devenue? Absorbée par la
Macédoine, elle a contribué sous sa forme nouvelle à effacer du monde l'antique empire des
Perses, qui avait lui-même détruit la vénérable
Égypte, et le tout est allé s'engloutir dans le
vaste sein de Rome. Sans remonter si haut, n'a-
vons-nous pas vu presque hier disparaître d'au
milieu de nous la malheureuse Pologne? Les
jours de la Turquie ne semblent-ils pas comptés?
Et, si l'unité allemande suit son cours, la vaillante Hollande, malgré sa sagesse proverbiale et
tant de souvenirs de gloire, n'est-elle point inévitablement destinée à devenir la province maritime de ce nouvel et redoutable empire? Si tant
d'exemples ne peuvent encore convaincre les
peuples qu'ils sont périssables, et qu'il ne leur
suffit point d'avoir vécu longtemps pour vivre

toujours, c'est que l'idée de la mort répugne autant aux nations qu'à tout ce qui existe, et que
chacune d'elles, séparant son sort du sort commun, est disposée à se dire, comme je ne sais quel
personnage de théâtre : « Mais, moi, c'est autre
chose! » Il n'est pas rare cependant qu'une nation soit avertie, comme tout être vivant, par des
signes précurseurs de sa fin prochaine, surtout si
elle ne succombe point brusquement sous la main
de l'étranger et si une décadence intérieure, pré-
cédant ce dernier coup, lui a donné le temps de se
reconnaître. L'œil perçant d'Annibal n'avait pas
eu de peine à entrevoir, après sa propre défaite,
l'anéantissement assuré de Carthage. A Rome, à
Athènes, en Pologne, la perte plus ou moins prochaine de l'État a été vue et inutilement annoncée
par nombre d'esprits justes. Combien recueille-
t-on dans l'histoire de ces plaintes éloquentes,
semblables aux chants lugubres du prophète
pleurant sur Jérusalem. Ces avertissements sont
toujours inutiles. Ce n'est pas que la foule elle-
même, dans un État qui chancelle, ne soit agitée

à son heure par le pressentiment confus du péril qui menace l'existence nationale; comme un équipage inquiet qui a lu une partie de la vérité sur le front de ses chefs, la multitude est ordinairement avertie de la tempête qui s'approche par la tristesse croissante des bons citoyens; mais ces craintes tardives ne peuvent guère produire qu'un mouvement désordonné et quelques convulsions violentes au milieu desquelles les destins s'accomplissent.

Examinons donc brièvement s'il est possible d'indiquer quelques-uns des signes qui peuvent annoncer aux peuples leur propre décadence et gardons-nous ici d'une confusion à laquelle on est toujours exposé dans ce genre d'étude. Cette confusion consiste à considérer certains faits, tels que le désordre ou le despotisme dans le pouvoir, l'anarchie dans la population, le culte général de la force et le mépris du droit et d'autres faits analogues, comme des signes assurés de dissolution, sans tenir assez de compte du moment où ces faits se produisent. Or, l'époque où les phé-

nomènes se constatent n'a guère moins d'importance lorsqu'on veut savoir à quoi s'en tenir sur
la vie et sur la santé des nations que lorsqu'il
s'agit de la vie et de la santé d'un seul être organisé. Si l'on nous dit, par exemple, qu'un être
humain chancelle dans sa marche, hésite dans
sa parole, est troublé par la moindre émotion,
ébranlé par le moindre choc, il nous paraîtra aisément qu'on nous dépeint un de nos semblables
arrivé au terme de son existence. Il n'y a pourtant rien à changer dans cette peinture pour
qu'elle convienne à un enfant encore asservi aux
faiblesses du premier âge.

Dire de même d'une nation qu'elle est sans
force et sans crédit au dehors, livrée à l'anarchie
intérieure ou au despotisme, adonnée à la violence, pleine de mépris pour le droit, c'est es-
quisser des traits qui peuvent s'accorder également avec l'enfance et avec la décrépitude. Mais,
si j'ajoute que la même nation a auparavant
connu l'ordre, qu'elle a joui de la liberté, respecté la justice, goûté les nobles plaisirs de la

puissance et de la gloire, je puis conjecturer
alors dans quel sens elle incline et de quelle
chute fatale elle est menacée.

Et cependant, l'existence agitée des nations
peut être soumise à des malaises momentanés
qui les font déchoir de leur état antérieur, sans
que cette déchéance soit irrémissible; en d'autres termes, elles peuvent avoir, comme le corps
humain, de graves maladies qui ne soient pas
mortelles et qu'un retour à la santé fait disparaître. La durée plus ou moins longue du mal
est alors d'une grande importance pour le jugement qu'on en doit porter. Qu'on suppose, par
exemple, qu'une nation, qui a joui un certain
temps d'une liberté régulière, soit livrée tout
d'un coup à la dictature; la déchéance relative
est évidente, mais elle n'a rien de définitif, si
cette dictature est temporaire, si la nation ne la
subit qu'à regret, n'en contracte pas la funeste
habitude, et surtout si cette dictature subsiste
moins longtemps que la liberté n'a duré. Avoir
traversé, par exemple, la dictature au sortir

de notre grande Révolution peut être considéré comme un accident de notre existence
nationale ; mais y retomber et surtout nous y
complaire après trente années de gouvernement
libre, c'est un symptôme beaucoup plus grave
sans que, heureusement, il ait encore une signi-
fication décisive. A Rome, la domination temporaire de Marius fut un premier et court accès de
despotisme démagogique ; le mal suspendu re-
parut bientôt et fut réprimé avec Catilina ; il
revint plus fort avec César, ne fut plus arrêté
qu'un instant par la mort de ce grand homme,
et triompha définitivement avec Auguste du solide
tempérament de l'ancienne république. La lente
agonie de ce grand corps fut même traversée
par de courtes lueurs d'espérance, telles que le
mouvement qui suivit la mort de Caligula et les
efforts impuissants du sénat pour interrompre de
temps à autre la dictature impériale. Ces crises
successives qui annoncent la chute des États,
semblent donc, par leur intermittence et par leur
gravité toujours croissante, suivre la même loi

que les maladies à accès périodiques qui atta-
quent si profondément l'économie du corps humain. Ce sont, dans les deux cas, des atteintes
d'abord légères, qui vont toujours se rapprochant
et s'aggravant jusqu'à ce que le mal soit continu
et que rien ne l'arrête. Dans les deux cas aussi,
on peut attribuer l'intermittence du mal à l'effort
constant, mais de plus en plus faible, que fait
l'organisme atteint pour revenir à la santé et pour
rejeter le poison qui le dévore. Rien n'empêche
pourtant que cet effort, surtout au début du mal,
ne puisse être heureux; et, par conséquent, au
milieu même de semblables crises, la porte est
encore ouverte à l'espoir.

Enfin la vie des nations est si longue et notre
propre existence est si courte, qu'il faut se garder,
alors même que le mal, se prolongeant au delà
des bornes de notre faible vue, nous paraît sans
remède, de porter un jugement trop absolu sur
l'issue définitive de ces crises redoutables. Alors
même que tout semble perdu, le patriotisme,
comme l'affection près du lit des malades qui

nous sont chers, doit se rattacher à l'incertitude accoutumée des choses humaines, afin de ne pas désespérer encore. Quoi de plus touchant que de voir la Pologne détruite vivre encore aujourd'hui dans l'amour obstiné de ses enfants, comme un de ces êtres adorés que nous ne pouvons nous résigner à voir s'échapper de notre étreinte et qui, étendus sans vie, nous semblent toujours sur le point de reprendre le mouvement et la parole ! Qu'est-ce donc lorsqu'il s'agit d'un grand peuple encore debout et opposant la vigueur d'un tempérament éprouvé et une longue habitude de vivre au mal intérieur qui le consume? Combien de preuves accumulées d'une destruction prochaine devraient s'imposer à l'esprit de ceux qui l'aiment avant qu'ils renoncent à leur pieuse espérance!

On oublie trop de nos jours, lorsqu'on parle de la grandeur et de la décadence des peuples, que les causes de ces grands événements sont purement morales, et qu'il faut toujours en revenir à les expliquer par un certain état des âmes dont

les changements matériels, qui frappent plus tard
l'imagination du vulgaire, ne sont que la conséquence visible autant qu'inévitable. Persuadons-
nous donc d'abord de cette vérité qu'une nation
n'est capable de maintenir l'ordre dans son sein,
d'arriver à la liberté, de défendre sa grandeur
qu'à l'aide d'un sacrifice perpétuel et volontaire
de l'intérêt particulier à l'intérêt général. Au fond
et aux yeux du philosophe, cette subordination
volontaire de l'intérêt particulier à l'intérêt général ne mérite point le nom de sacrifice, parce
que la raison même la conseille et que l'intérêt
général méconnu entraîne infailliblement les intérêts particuliers dans sa ruine. Mais, aux yeux
de l'immense majorité des hommes qui ne rai-
sonnent que pour eux-mêmes et ne peuvent embrasser de leur vue un si vaste horizon, cette
subordination sans cesse renouvelée de l'intérêt particulier à l'intérêt général est de leur
part un sacrifice. Or, il faut bien que ce sacrifice apparent soit fait volontairement par l'immense majorité des citoyens, car, s'il fallait pour

l'obtenir avoir uniformément recours à la contrainte, cette contrainte perpétuelle du très-petit nombre sur le grand serait impossible : *quis custodet ipsos custodes ?* Il faut, au contraire, que ce soit un très-petit nombre de récalcitrants qui soit contenu par la force avec le concours et avec l'assentiment du très-grand nombre. Comment donc ce sacrifice volontaire de l'intérêt particulier à l'intérêt général est-il obtenu par la nation de la part des citoyens qui la composent? En d'autres termes, quels sont les mobiles qui portent les citoyens à s'abstenir du mal qu'ils pourraient faire impunément, et à prêter à la chose publique, au moyen de leur fortune, de leur temps et parfois au prix de leur vie, un concours qu'ils pourraient après tout lui refuser ? Si l'on veut se rendre un compte exact de ces mobiles, les examiner de près dans leur diversité apparente et les ramener à leur origine, on arrivera infailliblement à l'une de ces trois grandes sources de toute moralité et de toute bonne conduite humaine : la religion, le devoir, l'honneur.

La religion est à la fois le plus simple de ces
mobiles et le plus efficace, et, lorsque son action
n'a pas été trop affaiblie par la critique, il n'est
pas d'instrument plus puissant pour obtenir des
hommes en société tous les genres de sacrifices
que l'intérêt public réclame. La grandeur des
résultats n'est ici comparable qu'à la simplicité
des moyens. Pour conseiller, en effet, à l'homme
de préférer autrui à soi-même, de souffrir avec
patience les maux de cette vie, pour lui ordonner
de n'empiéter sur les droits de personne et d'ajouter même les grâces généreuses de la charité à la
stricte observance de la justice, la religion n'a point
à se perdre dans des raisonnements subtils, elle
n'exige aucun effort d'intelligence, aucun héroïsme
du cœur, elle commande simplement toutes ces
choses avec cet argument unique mais péremptoire : c'est Dieu qui l'a dit. Bien agir parce
que Dieu l'a dit, voilà le fond de la religion, et,
lorsqu'elle a conduit à ce point un grand nombre d'âmes, rien ne peut égaler le service qu'elle
a rendu aux sociétés humaines. L'incrédulité

croissante dans les classes instruites n'empêche
même pas la religion de continuer son œuvre
longtemps encore dans les classes populaires, particulièrement dans les campagnes ; et dans notre
pays même, tout déchiré qu'il est par le funeste
antagonisme de l'Église catholique et de la Révolution française, combien la religion ne produit-
elle pas encore de fruits excellents et ne simplifie-
t-elle pas, par son action constante, l'œuvre si
épineuse du gouvernement des hommes? Combien de mauvais instincts réprimés, de mauvaises
actions prévenues, de désordres empêchés, de
soumissions obtenues au profit des lois et de
l'ordre général par le moyen de la religion? Et ce
bienfait de tous les jours s'opère sans faire grand
bruit, sans attirer même notre attention, émoussée
par l'habitude, car les sociétés finissent par profiter de ce miracle continuel de la civilisation
comme d'un phénomène régulier de la nature.

Néanmoins, l'influence de la religion dans les
sociétés tend toujours à décroître, par le seul
effet du raisonnement, de la diffusion des sciences

23

positives et des attaques constantes de la philosophie. La religion perd d'abord le gouvernement
des classes éclairées, et, si elle se maintient plus
longtemps au cœur du peuple, l'empire de l'imi-
tation, aussi bien que l'influence d'une éducation
imparfaite et des demi-lumières, lui font bientôt
la guerre dans ce dernier asile. Quelle que soit
l'énergie plus ou moins longue de sa résistance,
il faut considérer le moment où les classes diri-
geantes ne la connaissent plus, ou du moins, tout
en lui rendant un hommage d'habitude, n'en ac-
ceptent plus les enseignements et n'en subissent
plus l'action. Ce changement n'empêche pas encore la société politique de subsister et ne suffit
point pour en exclure l'esprit de dévouement et
de sacrifice. Ce premier retranchement détruit en
découvre un autre qui peut encore repousser sur
quelques points l'invasion dissolvante de l'égoïsme
individuel : c'est l'idée élevée du devoir ou le
sage calcul de l'intérêt bien entendu. Mais ces
deux mobiles, qui supposent tous deux une certaine lumière philosophique et une certaine cul-

ture de l'intelligence, ne peuvent prétendre à
conduire ce grand nombre d'âmes qui n'entend
que le langage plus simple de la religion. L'histoire est pleine de héros attachés à la justice et
au bien public par la pure notion du devoir, et
se sacrifiant avec enthousiasme à la patrie sur le
seul commandement de la conscience. La Grèce,
Rome, les beaux moments de notre propre révolution offrent beaucoup de ces nobles exemples;
mais la majorité des hommes n'est guère acces-
sible à un motif d'action si abstrait, et conduire
un peuple entier avec le seul frein du devoir est
une chimère. Si le pur dévouement au devoir
suppose une âme trop élevée pour devenir un
mobile général de conduite, l'intérêt bien entendu
exige trop de finesse dans l'esprit et un discernement trop exact des conditions de la vie sociale pour être jamais d'un grand secours. Certes,
l'intérêt bien entendu, calculé par une intelligence droite, aboutit dans la pratique aux mêmes
commandements que le devoir; mais combien
d'hommes très-éclairés sont cependant sans force

devant la tentation présente et repoussent, en ce qui concerne leurs affaires particulières, le conseil de l'intérêt bien entendu qui leur crie d'y résister? Si pourtant les esprits les plus clairvoyants savent rarement se refuser un plaisir présent pour éviter un mal futur et personnel, comment imaginer qu'un citoyen peu éclairé, ou même éclairé, endurera volontairement un mal présent et personnel par égard pour le bien futur et général de la société dont il fait partie? Supporter volontairement l'inégalité des conditions, le travail manuel, la pauvreté, pour éviter à l'ensemble de la société et à soi-même le mal de l'anarchie, aller au-devant de la mort sur le champ de bataille pour épargner à ses concitoyens et à leur postérité la déchéance de la patrie, c'est faire des efforts de raisonnement et des actes d'héroïsme intellectuel dont la nature humaine est bien rarement capable. Aussi ne les fait-elle guère et les hommes qui sont de bons citoyens par le pur sentiment du devoir ou qui obéissent aux lois indépendamment de la crainte qu'elles inspirent, par un calcul bien entendu sur l'intérêt particulier et l'intérêt général mis en présence, sont en nombre beaucoup trop restreint pour maintenir dans la société l'ordre, la probité et la somme de dévouement relatif sans laquelle l'État ne saurait vivre. Il faut donc qu'un autre motif d'action, plus répandu et plus efficace, vienne en aide au mobile trop rare et trop élevé du devoir et au mobile trop particulier et trop subtil de l'intérêt bien entendu. Ce mobile, c'est l'honneur, ou mieux encore le point d'honneur, dernier et puissant rempart des sociétés vieillies et particulièrement de la société française.

Aux yeux de tout observateur clairvoyant et de bonne foi, notre pays offre aujourd'hui le spectacle, presque unique dans le monde, d'une société dans laquelle le point d'honneur est devenu la principale garantie du bon ordre et fait accomplir la plupart des devoirs et des sacrifices que la religion et le patriotisme ont perdu la puissance d'ordonner. Si nos lois, en tant qu'elles sont d'accord avec les prescriptions de la con-

science universelle, sont généralement respectées,
si le jeune soldat rejoint docilement son drapeau
et lui reste fidèle, si l'agent comptable respecte
la caisse publique, si le Français enfin s'acquitte
convenablement de la plupart de ses devoirs envers l'État et envers ses concitoyens, c'est au
point d'honneur que nous en sommes surtout re-
devables. Ce n'est pas le respect de la loi divine
passée depuis longtemps à l'état de problème, ce
n'est pas le dévouement philosophique à un devoir
incertain, et encore moins à l'être abstrait de
l'État, bouleversé et discrédité par tant de révolutions, c'est la crainte d'avoir à rougir publiquement d'une action réputée honteuse qui maintient seule parmi nous un désir suffisant de bien
faire. Si l'on veut mesurer le puissant secours
que le point d'honneur nous prête, que l'on considère les peuples auxquels, après l'affaiblissement de la religion et en l'absence du patriotisme, cette dernière ressource a manqué. En
Orient, par exemple, où le vol ne déshonore pas,
où le fonctionnaire prévaricateur est respecté

aussi longtemps qu'il est impuni, demeure impuni tant qu'un rival puissant n'est pas intéressé à sa perte, et peut reparaître sans honte si
un retour de faveur le ramène à la lumière, la
bonne administration des finances est absolument
impossible, et l'État ne peut guère recueillir que
les débris de l'impôt dont les sujets sont acca-
blés. Le point d'honneur est souverain contre un
abaissement si funeste; il fait tourner toutes les
forces de l'amour-propre au profit du bien public
et défend de la sorte le grand appareil de la société et de l'État contre une ruine qui autrement
serait inévitable. On voit souvent, au bord de
quelque ruisseau, un arbre profondément atteint
par le temps; le tronc est largement ouvert, le
bois y est détruit, il ne contient guère plus qu'un
peu de pourriture; mais son écorce vit encore,
la séve y peut monter et, chaque année, il se
couronne de verdure, comme au beau temps de
sa jeunesse; il reste donc fièrement debout et
peut même braver plus d'une tempête. Voilà
l'image fidèle d'une nation que le point d'honneur

soutient encore après que la religion et la vertu
s'en sont retirées.

Mais le point d'honneur même peut être menacé et affaibli par une certaine perversion du
sens moral qui est le produit ordinaire des révolutions trop fréquentes. Le spectacle de l'iniquité
triomphante est un agent de corruption bien
puissant sur l'âme humaine, qui n'a pas besoin
de beaucoup d'exemples de ce genre pour incliner au culte du succès et à l'adoration de la
force. Lorsque l'idée que le succès passe avant
tout et que la fin justifie les moyens s'est emparée
fortement des esprits, le point d'honneur, qui
consiste précisément à ne pas trouver bons tous
les moyens de réussir et à respecter en toute
chose les règles du jeu, est en danger de disparaître. La souveraineté du but, cette doctrine
favorite des révolutions, est la mortelle ennemie
du point d'honneur. Or, on peut professer de
deux manières ou plutôt pour deux raisons très-
différentes la doctrine de la souveraineté du but.
On peut y arriver par un fanatisme sincère;

comme certains dévots qui se croient autorisés à
n'avoir ni foi ni loi, au point de vue humain,
lorsqu'il s'agit de l'intérêt suprême de la religion,
et comme certains socialistes qui ne se font aucun scrupule de réformer la société malgré elle
et de pousser le genre humain par la force jusque
dans l'Éden qu'ils ont rêvé. Mais il est une autre
manière, mille fois plus basse et malheureusement
plus répandue parmi nous, d'entendre la souveraineté du but : c'est d'admettre, sans fanatisme
et même sans aucune croyance personnelle, que
la force est la mesure du droit, que celui qui en
use à propos, même contre toute justice, a raison
s'il a des chances suffisantes pour réussir, et mérite, s'il réussit, l'admiration universelle. On
touche alors à cet état moral que Thucydide a
dépeint d'une manière sublime en peignant la
décadence de la Grèce, à propos des massacres
de Corcyre, et en écrivant l'immortel dialogue
des Méliens et des Athéniens qui, l'emportant
ce jour-là, se déclaraient hautement les contemp-
teurs de la justice. Ce qu'il y a de remarquable

dans cette corruption de la conscience publique,
c'est que ces funestes maximes, d'abord réser-
vées à la politique, s'étendent bientôt jusqu'aux
affaires particulières et que le point d'honneur,
en retraite sur un point, est bientôt forcé de reculer sur tous les autres. On s'accoutume d'abord
à louer, sous le nom d'habileté en politique, la
fraude et la violence que le succès a récompen-
sées; mais, par un reste de pudeur, on s'en excuse encore, en cherchant à se persuader que, si
la morale n'existe pas en politique, elle doit régner ailleurs et surtout dans la conduite des
intérêts privés; cependant, la logique l'emporte
dans le raisonnement comme dans le langage, et
bientôt on se surprend à louer comme l'habileté
suprême en affaires tout vol assez adroit pour
rester impuni. Cette connexité dans nos jugements sur la politique et sur les affaires particulières est tellement inévitable, que si un temps
d'arrêt doit se produire dans la dépravation des
consciences et que si le point d'honneur doit
reprendre encore quelque ascendant sur les âmes,

·c'est par les affaires privées que commencera
toujours cette réaction salutaire, pour remonter
ensuite jusqu'à la politique, d'où le mauvais
exemple était descendu. On s'aperçoit donc d'a-
bord qu'on a eu tort de croire tout permis pour
s'enrichir; puis, faisant un pas de plus et s'éveil-
lant comme d'un songe, on reconnaît aussi que
tout n'est pas permis pour gouverner. Mais le
point d'honneur n'en a pas moins reçu une violente atteinte, et nous ne devons jamais oublier
qu'en France affaiblir le point d'honneur, ce
n'est pas seulement abaisser les âmes, mais
ébranler le dernier fondement de la société et de
l'État.

N'avoir plus que le point d'honneur pour
appui et le sentir parfois fléchir sous sa main,
comme le roseau fragile dont parle l'Écriture,
c'est sans doute un signe de décadence, mais il
en est deux autres qui malheureusement sont
parmi nous très-reconnaissables encore. C'est
d'abord ce curieux phénomène : que la timidité
politique du citoyen s'accroît avec sa fortune et

que la richesse, au lieu d'être chez nous comme
en Angleterre un secours pour l'indépendance
civique et un appel à l'ambition politique, semble
une chaîne de plus, qui rend le Français plus
docile à tous les caprices du pouvoir. Je ne veux
point dire par là que le Français enrichi ne prétend pas se mêler de politique et jouer un rôle
dans l'État; au contraire, le titre de conseiller
général où de député l'attire comme un ornement
et comme une consécration de la richesse; mais
ce désir vulgaire ne mérite nullement le beau
nom d'*ambition,* en ce sens que c'est le titre et
non pas la fonction, l'apparence et non pas la
réalité qui tente ici le candidat; de sorte qu'il
acceptera volontiers pour réussir l'attache du
pouvoir, alors même que sa situation personnelle
lui permettrait de s'en passer. C'est ainsi que se
sont formées jusqu'ici les Chambres du second
Empire, qu'on ne peut étudier de près sans une
patriotique inquiétude sur l'avenir du pays; car
ces assemblées si singulières se composent, après
tout, de citoyens qui, par leur fortune et leur situa-

tion personnelle, seraient les représentants naturels de la France et réunissent évidemment toutes
les conditions matérielles de l'indépendance politique et d'une ambition légitime. Mais le ressort
de la volonté semble brisé dans leur âme, et ces
hommes qui n'ont certainement qu'à vouloir pour
être les maîtres du pays, soit dans leur département, soit à la Chambre, sont aussi peu tentés
de tenir tête à un orateur officiel dans la Chambre
qu'à un préfet dans leur département. C'est un
des plus tristes symptômes du temps que nous
traversons et de l'affaiblissement moral du pays
que de voir la richesse ne point enfanter l'indépendance, et le désir de gouverner ne pas sortir
naturellement de la fortune.

Pour nous consoler de cette abdication alar-
mante des classes riches (qu'on aurait appelées
autrefois les classes gouvernantes), on nous montre
volontiers les classes ouvrières disposées et prêtes
à recueillir cet héritage et à prendre en main le
pouvoir. Rien ne serait plus juste ni même plus
nécessaire que cette transmission d'un pouvoir

que ses détenteurs naturels délaissent ; mais, si les
classes ouvrières sont disposées, comme c'est leur
droit, à recueillir cet héritage abandonné, on peut
douter malheureusement qu'elles soient aujour-
d'hui capables d'en faire un usage raisonnable.
Elles sont, en effet, plus ou moins pénétrées d'une
idée fausse et éminemment dangereuse qui a
toujours fleuri dans les temps de décadence :
*c'est de confondre les devoirs de l'État avec les
fonctions de l'administration de l'assistance publique.*

Voilà le fond de toutes les doctrines socialistes
qui ont fait de si grands ravages dans l'esprit de
nos classes ouvrières ; et, sous ce nom nouveau de
socialisme, il faut bien reconnaître la vieille tendance des républiques démocratiques de la Grèce
et plus tard de l'empire romain à charger l'État
non-seulement de l'existence et du bien-être des
citoyens, mais de leurs plaisirs mêmes. Ce mal
doit être compté parmi les plus insidieux qui
puissent miner une société vieillie et en préparer
la ruine ; car, d'une part, cette opinion une fois

répandue sur les devoirs de l'État, ouvre une carrière infinie aux artifices et aux excitations des démagogues, et, d'autre part, ce développement nouveau des devoirs de l'État, ajoutant de la sorte la charité à la justice, peut paraître d'abord un progrès et séduire beaucoup de nobles âmes.

Parlons d'abord des facilités que cette fausse opinion sur les devoirs de l'État donne à l'odieux trafic des démagogues qui sont la honte et le fléau des sociétés démocratiques. Et d'abord qu'est-ce qu'un démagogue et comment le distinguer d'un ami du peuple ? Le caractère propre du démagogue, c'est de tirer parti, dans son intérêt personnel, des souffrances populaires en les exagérant et surtout en les attribuant à la *mauvaise volonté* de l'État ou des classes supérieures bien qu'il soit lui-même incapable (lorsqu'on le met en demeure) de suggérer aucun moyen pratique de les alléger. Si l'on veut donc bien marquer le trait qui distingue le démagogue du réformateur, ami du peuple, il faut insister sur

cette différence : le réformateur signale un mal
particulier et propose en même temps un moyen
pratique et spécial de le guérir ; il accepte la
discussion sur ce point, l'y concentre même, et
se rend à la raison s'il lui est démontré que le
désordre social dont sa vue est blessée ne peut
être entièrement corrigé, comme il arrive trop
souvent en ce monde, qu'au prix d'un plus grand
désordre. Le démagogue, au contraire, s'en tient
aux déclamations vagues et perpétuelles sur les
souffrances du peuple, sur les jouissances des
riches et sur l'inertie ou la mauvaise volonté de
l'État, sans jamais indiquer comment on pourrait
faire en sorte qu'il n'y eût plus de pauvres, et sans
révéler à l'État aucun moyen d'étendre à tous
les citoyens la jouissance égale des biens de la
terre. On voit aisément combien cette tactique,
si connue du démagogue dans les sociétés modernes, est favorisée par la doctrine qui charge
l'État du bien-être de tous les corps, comme on
le chargeait autrefois du salut de toutes les âmes.
Si tel est le devoir de l'État, quoi de plus com-

mode, en effet, que de l'accuser et que de démontrer qu'il y manque ; car, malgré tous ses efforts,
il ne saurait l'accomplir, et plus les citoyens
s'habituent à compter sur son assistance, plus il
devient nécessairement incapable de la leur
prêter.

En outre, cette situation engendre une illusion
non moins singulière que funeste : on prend volontiers pour une marque de progrès ce qui est
un signe d'affaiblissement, et l'on se figure que
l'État comprend mieux ses devoirs et commence
enfin à les remplir lorsqu'il est précisément en
voie de se dissoudre. L'empire romain est un
frappant exemple de cet aveuglement des esprits
et de la forme insidieuse que revêt ce genre
particulier de décadence. Encore aujourd'hui, on
entend fréquemment faire un pompeux éloge, à
ce point de vue, de l'empire romain, des institutions charitables dont il se couvrait de plus en
plus, des secours ingénieux ménagés par l'État
à tous les genres de faiblesse, et l'on oppose
cette générosité toujours croissante du pouvoir

impérial au dur esprit de l'ancienne Rome. On
sait pourtant quel fut le résultat le plus clair de
cette politique : les *assistants,* se trouvant bientôt inférieurs en nombre aux *assistés* et hors
d'état de leur suffire, s'échappaient découragés
de cet informe phalanstère, et s'enfuyaient parfois
jusque chez les barbares pour y retrouver du
moins les lois de la nature et s'y reposer un peu
de l'excès de civilisation dont ils étaient les victimes.

Nous sommes loin de tels abus, mais il faut
nous demander si nous ne sommes pas sur la
pente qui peut nous y conduire. En examinant
les divers signes de décadence que nous venons
de dépeindre d'une manière générale, et en ré-
fléchissant impartialement sur nous-mêmes, nous
pouvons encore arriver à cette conclusion forti-
fiante qu'aucune de nos maladies n'est mortelle ;
mais comment nous dissimuler que nous sommes
atteints cependant, et que de grands efforts sont
nécessaires pour maintenir le nom de la France
à la hauteur où les siècles précédents l'ont porté?

Cette nécessité urgente d'un héroïque effort en
faveur de notre chère patrie paraîtra, je l'espère, plus évidente · encore à tous les yeux,
lorsque nous aurons retracé, dans un dernier
chapitre, les épreuves redoutables qui attendent
la France en Europe et dans le monde.

CHAPITRE III

La France approche de l'épreuve la plus redoutable qu'elle ait encore traversée. L'objet de cet ouvrage n'étant pas d'examiner ni de critiquer les fautes du gouvernement impérial, mais simplement d'exposer l'état des choses et de joindre à quelques conseils pour le présent quelques conjectures sur l'avenir, il est inutile d'insister sur les actes, connus de tout le monde et condamnés par la raison publique, qui nous ont amenés au point où nous sommes.

Le démembrement du Danemark, toléré par nous, malgré les offres formelles de concours que

nous faisait alors l'Angleterre pour empêcher
une iniquité si dangereuse, les encouragements
que la Prusse a reçus de nous dans ses desseins
déclarés contre l'Autriche, le secours qu'avec
notre aveu, sinon par notre ordre, lui a prêté
l'Italie, sont des faits qui n'ont plus désormais
qu'un intérêt historique, sur lesquels il serait sans
intérêt de revenir et qu'on peut abandonner au
jugement sévère de l'équitable postérité[1].

Il nous suffit donc de prendre pour point de
départ de nos réflexions la situation que ces
événements nous ont faite, et d'envisager d'un
regard ferme l'avenir qu'ils nous préparent.

Il serait de même sans utilité de nous perdre,
à la suite de tant d'écrivains, dans une vaine
discussion sur le plus ou moins de droit qu'a
l'Allemagne de se constituer en un seul État et
sur l'injustice qu'il y aurait, dit-on, de notre
part à entraver l'accomplissement d'un vœu si

1. Ces faits sont suffisamment exposés et discutés dans la
IVᵉ série de nos *Quelques Pages d'histoire contemporaine,*
particulièrement dans la *Préface* et l'*Appendice.*

légitime. Cette question pourrait s'imposer à
notre esprit si l'Allemagne, parlant comme un
seul homme, avait notifié clairement ses intentions à la France et au monde ; on concevrait
alors que notre conscience fût partagée entre le
soin de notre propre grandeur et le respect du
droit d'autrui, et qu'une discussion en règle
s'établît sur ce point, à peu près comme dans
ces écoles antiques où l'on s'exerçait à débattre
la cause du juste et celle de l'utile. Mais c'est
une puérilité que d'instituer, comme on le fait
tous les jours, une discussion de ce genre en
face d'une situation aussi compliquée et aussi
obscure que celle de l'Allemagne : non-seulement, en effet, les États secondaires de l'ancienne
confédération ne manifestaient, pendant la guerre
de 1866, aucun désir d'être absorbés par la
Prusse, contre laquelle ils ont loyalement combattu, mais bien des résistances se sont fait jour
depuis la conquête, et, en tout cas, le mauvais
vouloir d'une partie notable des États du Sud
contre l'hégémonie prussienne n'est aujourd'hui

douteux pour personne. La question de droit et
de justice n'est donc pas aussi simple ni aussi
formellement tranchée contre l'intérêt de la
France que le prétendent les partisans de la
grandeur prussienne.

Mais, alors même qu'ils auraient raison et que
l'Allemagne aurait proclamé librement et d'une
commune voix sa volonté de se confondre en un
seul État, les considérations qui vont suivre n'en
seraient nullement modifiées ou affaiblies, puisque nous voulons examiner ici, non pas si ces
événements sont le fruit d'un aveuglement coupable de la part de nos chefs, non pas si ces
événements sont d'accord avec les prescriptions
de la justice, mais uniquement (ce qui importe
bien davantage) quelles conséquences ils doivent
avoir sur notre destinée. Certes, il peut être
d'abord intéressant de se demander, près du lit
d'un malade, si son mal est le fruit de sa propre
imprudence ou s'il ne pouvait être évité, s'il a
contracté ce mal en accomplissant une mauvaise
action ou au contraire en s'acquittant de quelque

devoir imposé par sa conscience ; mais ces questions deviennent oiseuses ou du moins hors de propos lorsque, la maladie étant franchement déclarée, on doit se demander, avant tout, à quoi elle doit aboutir.

Quel est donc, pour la France, le résultat des événements de 1866? à quoi nous mènent-ils ? La marche envahissante de la Prusse en Allemagne se poursuivra-t-elle en paix, ou bien tenterons-nous de l'arrêter ou au moins de la suspendre par la force des armes? On admettra aisément qu'il n'y a pas d'autre alternative.

Examinons donc rapidement une de ces deux hypothèses, et commençons par celle d'une guerre entre la France et la Prusse, quelle qu'en soit l'occasion ou le prétexte. Vaincrons-nous la Prusse? Le fait seul que cette question puisse être posée ne montre que trop clairement le changement accompli autour de nous depuis deux années. La seule question qui pût être débattue naguère lorsqu'on parlait de la puissance militaire des États du continent, était de savoir

si la France pouvait tenir tête à l'Europe coali-
sée : aujourd'hui, la question est de savoir si la
France l'emporterait sur la Prusse, et il n'est
personne qui ne considère cette lutte comme une
épreuve des plus sérieuses pour notre pays.

Quoi qu'il en soit, il y aura pour nous victoire
ou défaite. Acceptons d'abord l'hypothèse la
plus agréable, celle de la victoire. Qu'en fe-
rons-nous? Le principe des nationalités, qui est
en théorie le moteur de notre politique, mais
dont nous laissons profiter les autres, comme l'a
si éloquemment fait remarquer M. Thiers, sans
oser le pratiquer pour nous-mêmes, demande
deux conditions pour rendre une annexion légitime : *identité* de race ou de langue et *consentement* des populations. La Prusse s'est passée
du *consentement* pour l'annexion des parties allemandes de son nouvel empire ; elle se passe tout
à la fois de l'*identité* et du *consentement* pour la
conservation du duché de Posen et des parties
danoises du Sleswig.

Imiterons-nous sa conduite, et une fois vain-

queurs, appliquerons-nous enfin le principe des
nationalités à sa manière : nous pouvons, au
risque de mécontenter l'Angleterre, nous passer
du *consentement* en ce qui touche la Belgique (si
toutefois ce *consentement* nous est refusé après
la victoire) et nous passer tout à la fois de
l'*identité* et du *consentement* en ce qui touche les
provinces rhénanes, ou bien constituer (bien à
tort) un État du Rhin que l'Allemagne réclamera
toujours et que nous aurons plus de peine à
maintenir indépendant que nous n'en aurions eu
à le garder franchement pour nous-mêmes. De
toute façon l'usage de la victoire est difficile,
car appliquer le principe des nationalités à la
manière de la Prusse, c'est (pour parler français) faire et garder des conquêtes importantes à
la face de l'Europe ; et appliquer ce principe
honnètement, c'est-à-dire en ne voulant de conquêtes qu'avec les conditions de l'*identité* et du
consentement, c'est nous retirer les mains vides
du champ de bataille et laisser de nouveau
pleine carrière aux entreprises ultérieures de la

Prusse en Allemagne, une fois qu'elle sera revenue de l'étourdissement de ce premier coup. Les
Français, qui se sont pris, à la suite du gouvernement actuel, d'un si beau feu pour le principe
des nationalités, n'ont pas songé, d'une part,
qu'ils proposaient de mettre le monde au pillage
en donnant un prétexte plausible à l'ambition
des plus forts, et, d'autre part, que, si un rema-
niement de l'Europe s'opère, même honnêtement,
en vertu de ce principe, c'est la France qui doit
inévitablement le plus y perdre.

Quels sont, en effet, les deux seuls points du
continent où la France puisse appliquer à son
profit le principe des nationalités, au moins au
nom de l'*identité*, et avec ou sans le *consentement*
des populations revendiquées, ce qui est déjà
une dérogation au principe? C'est la Belgique et
la partie française de la Suisse. Mais, en échange
du rapatriement de ce petit nombre d'Européens
parlant la langue française, il nous faudrait ap-
prouver, sous peine de la contradiction la plus
flagrante, l'union plus ou moins prompte en un

seul État de 51 millions d'hommes parlant allemand (sans compter l'Alsace), et l'union ultérieure de toutes les races slaves sous le drapeau
russe! Nous devons donc reconnaître que le
principe des nationalités, même appliqué par nos
propres mains et à notre profit, n'en consacre-
rait pas moins et n'en préparerait pas moins, par
ses autres applications, devenues alors légitimes,
l'abaissement de la France. Il paraîtrait donc nécessaire, en cas de succès contre la Prusse, de
laisser de côté ce fameux principe et d'en revenir
simplement au droit de la victoire, limité, comme
autrefois, par les convenances générales et par la
nécessité de l'équilibre. Et certes, l'usage de la
victoire, même ainsi entendu, ne serait pas sans
embarras pour le présent et pour l'avenir ; car le
principe des nationalités, si longtemps encouragé
et flatté par nous, continuerait, en dépit de notre
tardif repentir, à troubler encore longtemps le
monde ; le mouvement de l'unité allemande, excité
par la défaite même, reprendrait plus tard son
cours, et les événements seraient peut-être suspen-

dus plutôt que définitivement arrêtés par cet effort
heureux de la vaillante main de la France. Plaise
au ciel, cependant, qu'après avoir rendu par nos
fautes cette grande lutte inévitable, nous n'ayons
à compter de la sorte qu'avec les embarras de
la victoire !

Car la victoire peut nous être infidèle et il nous
faut envisager maintenant l'hypothèse d'une défaite. Supposons donc un instant que la Prusse,
seule ou secondée par la Russie, l'ait emporté.
Il n'est pas besoin d'insister pour faire sentir que
ce serait le tombeau de la grandeur française.
La France ne serait certainement pas anéantie :
il reste encore en Europe assez de notions sur la
nécessité d'un certain équilibre pour que notre
existence amoindrie parût encore utile à plusieurs
puissances, et, lorsque la jalousie de tous contre
nous serait amplement satisfaite par notre irréparable abaissement, la jalousie des vainqueurs
entre eux ou la jalousie des neutres contre notre
unique vainqueur tendrait sans doute à nous
laisser subsister, sans force et sans honneur, au

milieu de nos ruines. Il est même possible qu'on ne nous enlève pas dès lors l'Alsace et la Lorraine; mais ce qui nous serait enlevé sans retour, ce serait le moyen de nous opposer à ce démembrement le jour où notre rivale triomphante le jugerait praticable et utile à ses intérêts, et ce jour ne tarderait guère.

Quelque traité limitatif sur nos forces de terre et de mer, réduites au minimum indispensable pour le maintien de l'ordre intérieur et pour la surveillance de notre commerce, l'abandon probable des débris de notre empire colonial et de l'Algérie, quelques rectifications de frontières au profit de la Prusse, triste prélude de pertes plus considérables : telles seraient, en attendant et en voyant les choses sous le jour le plus clément, les conséquences immédiates de nos revers. Ce n'est pas tout : en même temps que la France descendrait dans cet abîme, la Prusse et la Russie s'élèveraient d'autant; l'unité allemande, hâtée par la puissance et par le prestige de la Prusse victorieuse, s'achèverait d'un seul coup;

l'Autriche, traitée immédiatement comme une autre Turquie ou réservée à une destruction plus tardive (selon sa conduite dans la guerre) serait, en tout cas, une proie assurée dont les débris allemands seraient destinés à l'Allemagne nouvelle et les débris slaves à la Russie; enfin la question d'Orient serait bientôt réglée de manière ou d'autre entre les vainqueurs sans qu'il fût naturellement question de la France, et l'Angleterre, suffisamment payée de sa complaisance par la possession tranquille de l'Égypte et par la vue de notre désastre, ne gênerait probablement pas sur ce point les combinaisons des nouveaux arbitres du continent.

Devant ce tableau plutôt adouci que fidèle des conséquences certaines qu'aurait aujourd'hui un revers de nos armes, quel Français digne de ce nom ne se sentirait disposé à abjurer tout dissentiment intérieur et tout souvenir de nos discordes pour détourner de la patrie une si grande infortune ! Hésiterions-nous un seul instant à oublier devant cette épreuve suprême, au

moins jusqu'à son terme, nos griefs les plus légitimes et à chercher la mort ou la victoire sous
le drapeau national? Et de quel prix serait donc
la vie que nous aurions à traîner désormais sur
ce débris à demi consumé qui, couvert encore
du pavillon de la vieille France, flotterait plus ou
moins longtemps sur les ondes, au gré des caprices de l'Europe, avant de sombrer tout à fait
sous le regard insolent du vainqueur !

Il nous reste à examiner l'hypothèse de la
paix, c'est-à-dire d'une inaction systématique et
prolongée de la France en face de l'agrandisse-
ment continu de la Prusse et des progrès de l'unité
allemande; mais il ne servirait à rien de se dissimuler que cette hypothèse est la moins probable des deux, et que toutes les chances sont
pour que la guerre sorte de la situation actuelle.
Non pas que le gouvernement prussien provoque
cette guerre ni que le gouvernement français en
ait envie : bien au contraire; il est aujourd'hui
notoire que, pour des raisons différentes, les chefs
des deux États s'attachent sincèrement à la paix,

mais, en dépit de la volonté des hommes, les
choses vont à la guerre. La raison en est bien
simple : il est presque impossible que la Prusse,
malgré sa prudence, ne fasse point un pas de
plus vers l'absorption de l'Allemagne, et il est
impossible que le gouvernement français, malgré
sa patience, assiste à ce nouveau mouvement
sans tirer l'épée.

Ce dilemme fatal s'impose à notre esprit sans
parler des incidents si nombreux et souvent si
inattendus qui peuvent à chaque instant compromettre la paix entre les États comme la bonne
intelligence entre les hommes. Plus on y réflé-
chira, plus on arrivera à cette conclusion que
l'amour de la paix, la philosophie, l'humanité,
la ferme volonté des gouvernements ne peuvent
empêcher un choc entre la Prusse grandissante
et la France enfermée dans ses limites anciennes
et privée de toute espérance. Cette déchéance relative est une trop forte épreuve pour notre orgueil politique et militaire, et jamais, depuis que
le monde existe, l'ascendant, ou, si l'on veut, la

principale influence sur les affaires humaines n'a
passé d'un État à l'autre sans une lutte suprême
qui établit, pour un temps plus ou moins long,
le droit du vainqueur au respect de tous. Tant
que ce choc n'a pas eu lieu, tout le monde sent
instinctivement que rien n'est décidé, et toute
prétention à une grandeur ancienne comme toute
assertion d'une grandeur nouvelle sont provisoires. Certes, tout philosophe doit gémir de cet
état de choses, mais il existe, il est aussi ancien
que le monde, il a ses fondements dans la nature
humaine et dans la manière d'être des sociétés
politiques, et rien n'autorise encore à croire qu'il
soit sur le point de changer. Oui, la France
payera de toute manière, du sang de ses enfants,
si elle réussit, de sa grandeur et, peut-être, de
son existence même, si elle échoue, la série de
fautes commises depuis le jour où le démembrement du Danemark a commencé sous nos yeux,
depuis le jour où nous avons favorisé ce grand
désordre avec la vaine espérance d'en tirer profit. C'est ce jour-là que la Prusse et la France

ont été de loin lancées, pour ainsi dire, l'une contre l'autre, à peu près comme deux convois de nos chemins de fer qui, partant de points opposés et éloignés, seraient placés sur la même voie par une erreur funeste. Après de longs détours, moins longs pourtant qu'on ne pensait, ces deux trains sont en vue l'un de l'autre. Hélas! ils ne sont pas seulement chargés de richesses; bien des cœurs y battent qui ne sont animés d'aucune colère et qui ne sentent que la douceur de vivre; combien le sang qui va couler coûtera-t-il de larmes! Personne ne veut ce choc terrible; on s'écrie, on s'empresse, la vapeur est renversée, les freins grincent à se briser; effort inutile, l'impulsion vient de trop loin, il faut qu'un immense holocauste soit offert à la folie humaine malheureusement armée de la toute-puissance.

Comme pourtant les choses de ce monde sont fécondes en surprises et que les prévisions les mieux fondées sont parfois déjouées par le sort, il n'est pas absolument impossible que la paix

se maintienne; il nous faut donc examiner brièvement l'hypothèse de la paix, c'est-à-dire les
conséquences probables d'une inaction prolongée
de la France. Il est triste de dire, mais la raison
et la vérité nous y obligent, que les conséquences
de cette inaction seraient à peu près les mêmes
pour nous que celles d'une défaite, avec cette
différence qu'elles mettraient plus de temps à se
produire et que la forme en serait nécessairement adoucie, mais le fond serait le même. Que
l'union de l'Allemagne en un seul État s'achève
en face de la France inactive ou malgré la France
vaincue, c'est d'une façon ou de l'autre l'irrévocable déchéance de la grandeur française. Cette
unité s'achèverait-elle par la paix, ou, comme
on le prétend parfois, le maintien prolongé de la
paix aurait-il pour effet de la dissoudre? On ne
peut guère partager cette dernière opinion si l'on
considère la force relative de la Prusse mise en
présence des parties de l'Allemagne qui lui
restent à absorber encore, le prestige croissant
que donnerait à la Prusse l'abandon bien con-

staté de toute rivalité de la part de la France, les
germes de mort que contient l'Autriche, et l'influence persévérante de la Russie, naturellement
inclinée à souhaiter la dissolution de ce malheureux empire. Ce jour-là, 51 millions d'Allemands se trouveraient réunis sous un seul drapeau, et, en acceptant ce chiffre, nous ne tenons
pas compte de la différence si considérable qui
se remarque depuis longtemps entre le progrès
rapide de la population germanique, malgré une
émigration continuelle, et l'accroissement de plus
en plus lent de la population française qui ne paye
presque aucun tribut à l'émigration. Pour ne parler que de la Prusse ancienne, par exemple, la
population de ce pays, de 1817 à 1864, s'est
accrue de 82 pour 100, de 10 millions 536 mille
âmes à 19 millions 190 mille, tandis que, dans
le même temps, la population française n'a aug-
menté que de 25 pour 100. Cette disproportion
n'est pas moins sensible pour les autres parties
de l'Allemagne, malgré leur courant perpétuel
et considérable d'émigration qui n'existe pas en

France. Mais tenons-nous-en aux chiffres actuels,
bien que chaque jour écoulé les modifie à notre
désavantage, et demandons-nous ce que peut
être la France ayant à ses portes une puissance
militaire de 51 millions d'hommes, population qui
n'est point en arrière de la civilisation ni clair-
semée sur de vastes espaces comme en Russie,
mais concentrée, disciplinée, et armée de toutes
les ressources de la science moderne? Non-seulement, avec le système de guerre en usage qui
consiste à précipiter rapidement des masses
énormes les unes sur les autres, la lutte serait
disproportionnée entre nous et notre nouveau voi-
sin, mais elle paraîtrait sans doute si impossible
à soutenir, qu'on y renoncerait d'avance, et que
l'annexion de la Hollande, qui sera inévitablement le premier pas de l'Allemagne unitaire hors
de chez elle, s'accomplirait probablement sans
obstacle.

On dit cependant : Pourquoi tant de présages
sinistres? pourquoi ne pas croire que l'Allemagne
unie sera, comme on nous le répète tous les

jours, une puissance pacifique, uniquement occupée de commerce, d'industrie, de littérature,
éloignée de toute prétention à la suprématie en
Europe, indifférente à l'acquisition de la Hollande, nullement tentée d'achever la conquête du
Danemark et encore moins de revendiquer un
jour les provinces germaniques de la France?
Pourquoi ne pas croire enfin que les conquêtes
prussiennes de 1866 sont les derniers actes de
violence auxquels nous assisterons au delà du Rhin
et qu'une fois l'Allemagne unie par le commun
accord de ses habitants, nous entrerons dans l'ère
si longtemps prédite de la paix perpétuelle et de
la fraternité universelle? Il est pénible d'affaiblir
de si douces espérances, mais on ne peut répondre
à cette question que par une autre : Pourquoi
verrait-on, *pour la première fois dans le monde,*
une grande puissance en voie d'accroissement
s'arrêter d'elle-même par le seul sentiment de la
justice, respecter le faible à demi détruit par sa
propre main, s'interdire de son propre mouvement une acquisition avantageuse, abjurer sans y

être contrainte tout désir de commandement, et,
après avoir montré une ambition qui semblait
au-dessus de ses forces, rester tout à coup en
deçà de ses forces, de peur de trop céder à l'ambition? Qui ne souhaiterait qu'il en fût ainsi et
que le genre humain assistât pour la première
fois à ce beau spectacle? Avouons du moins qu'un
changement si subit et si complet dans le train
du monde et dans le tempérament des États mé-
riterait bien le nom de miracle, et ce qui serait
un second miracle, c'est que le premier se produisît de la sorte au moment même où la France
en a besoin. Oui, par une coïncidence merveil-
leuse et par une faveur inouïe de la fortune,
c'est le jour même où la France serait réduite à
tirer l'épée pour ne pas déchoir, que l'épée serait
partout rivée au fourreau et qu'on s'accorderait
généreusement à ne plus la compter désormais
pour rien dans cette balance des affaires humaines
où notre ancêtre Brennus l'a si fièrement jetée.

Soit, dit-on encore ; que l'Allemagne se con-
fonde en un seul État, que l'Autriche soit dis-

soute, la Hollande même annexée ou enchaî-
née à l'Allemagne nouvelle, qu'on dispose sans
nous de l'Orient et qu'on règle sans nous toutes
les grandes questions qui existent ou peuvent sur-
gir dans le monde, du moins *l'on n'envahira pas
la France.* Qui n'a souvent entendu cette naïve
parole comme le dernier et le plus fort argument
de ceux qui veulent à tout prix ne point s'alarmer de l'état nouveau de l'Europe? Il est plus
que douteux d'abord qu'il nous suffise d'abjurer
expressément toute influence extérieure et toute
participation aux intérêts généraux pour être res-
pectés dans l'enceinte de nos frontières actuelles,
et il est contraire à la raison de penser que nos
provinces de langue allemande nous seront laissées par grâce quand une disproportion de forces
de plus en plus notoire entre nous et l'Allemagne
nous aura mis hors d'état de les défendre. Mais
admettons que, selon le dicton en usage, on n'*envahira pas la France.* Est-ce qu'il est nécessaire
d'être *envahi* pour disparaître de la scène politique et pour tomber dans la dépendance morale

de l'étranger? Envahit-on le Portugal? Avons-
nous eu besoin nous-mêmes de l'envahir lorsqu'il
y a quelques années nous avons eu une querelle
avec le gouvernement portugais au sujet d'un né-
grier français qu'on ne voulait pas nous rendre ?
Un vaisseau français est allé tout simplement
couper les amarres du bâtiment contesté dans le
Tage même et l'a emmené sans coup férir sous
les batteries portugaises. Êtes-vous disposé, au
moindre dissentiment avec les nouveaux arbitres
de l'Europe, à subir un pareil spectacle à l'em-
bouchure de la Seine? Confessons cette dure vérité, plus amère mais plus salutaire que la flatterie et le mensonge : il n'y a point de milieu pour
une nation qui a connu la grandeur et la gloire
entre le maintien de son ancien prestige et la complète impuissance. Il y a bien un moment de
transition, mais combien ce moment est court et
rapide ! Il n'existe pas de point d'arrêt, à vrai
dire, dans cette chute si prompte ; c'est la compensation et le péril de ces situations si hautes et
si glorieuses qu'on n'en peut tomber à demi. Il

faut se tenir ferme ou rouler jusqu'au bas de la pente. Acceptons donc, sans nous aveugler sur le présent, l'alternative que le passé nous impose : ou bien nous resterons, au prix d'immenses et d'imminents sacrifices, ce que nous a faits notre histoire et le labeur intelligent de nos pères, ou bien, en mettant les choses au mieux et en supposant qu'on nous laisse à peu près entiers nous survivre à nous-mêmes, nous nous abriterons dans notre modeste demeure, l'esprit et le cœur diminués et au niveau de notre nouvelle fortune, mais vains encore de notre gloire évanouie et fatiguant l'Europe des noms de Louis XIV et de Napoléon, à peu près comme les noms de Philippe II et de Charles-Quint, invoqués de l'autre côté des Pyrénées, viennent souvent frapper aujourd'hui notre oreille indifférente.

Et maintenant, jeunes Français qui me lisez, ne croyez pas que votre tâche sera terminée si vous réussissez à maintenir *en Europe* le haut rang et le grand nom de la France.

Les luttes de la Révolution et de l'Empire, notre

éducation classique, notre ignorance relative des
langues étrangères et de l'histoire contemporaine
nous ont trop habitués à ne considérer que cet
étroit théâtre où rivalisent les peuples de l'ancien
continent, et c'est à peine si nous jetons de temps
à autre un regard distrait et léger sur le reste du
monde. Il est temps que ce rideau se déchire.
Prenez donc *la carte de notre globe,* étudiez-la
dans son ensemble avec une attention intelligente, observez les changements opérés depuis le
commencement de ce siècle dans la distribution
de la race humaine sur ce vaste espace, et
demandez-vous quelle est, dans cet accroissement de population, dans cette fondation et dans
ce développement de nouveaux empires, la part
de la France.

Deux puissances rivales, mais qui n'en font
qu'une, au point de vue de la race, de la langue,
des mœurs et des lois, l'Angleterre et les États-
Unis, dominent, l'Europe exceptée, sur tout le
reste de cette planète, ou, pour mieux dire, elles
y existent seules, et les eaux de l'Europe une

fois franchies, nous ne figurons qu'à côté de ces
deux puissances et pour mémoire. Comment ne
pas nous rappeler, devant un tel spectacle, qu'on
pouvait se demander jadis si notre race et notre
langue ne l'emporteraient pas sur toutes les
autres et si ce n'était pas *la forme française* que
la civilisation européenne emprunterait pour envahir le reste du monde ? Toutes les chances
étaient de notre côté. C'était la France qui, par
le Canada et la Louisiane, commençait à étreindre
l'Amérique du Nord ; l'Inde nous paraissait livrée et, sans des fautes que la liberté politique
aurait épargnées à nos pères, la langue et le sang
de la France, occuperaient probablement aujour-
d'hui sur notre globe la place qu'ont irrévocablement conquise la langue et le sang de l'Angleterre : car le destin a prononcé et deux parties
du monde au moins, l'Amérique et l'Océanie,
appartiennent sans retour à la race anglo-
saxonne. Aujourd'hui même, un livre écrit en
anglais est lu par infiniment plus d'êtres humains
que s'il était écrit dans notre langue, et c'est en

anglais que le navigateur est salué sur presque tous les points abordables du globe.

Mais cet ascendant actuel de la race anglo-saxonne hors de l'Europe n'est qu'une faible image de ce que nous réserve un prochain avenir. D'après les calculs les plus modérés, fondés sur le progrès de la population pendant la dernière période décennale, les États-Unis compteront plus de 100 millions d'habitants à la fin du siècle, et cela, sans tenir compte de l'annexion probable du Mexique et de l'extension de la république américaine jusqu'à l'isthme de Panama. A côté d'une pareille puissance, le Brésil et les divers États de l'Amérique du Sud ne sont d'aucun poids, et disparaîtraient le jour où il plairait aux maîtres du continent septentrional de s'étendre. Le fractionnement possible (quoique peu probable) de la république américaine, en plusieurs États, changerait peu de chose à cet avenir; car, une fois séparées, les fractions de ce vaste empire n'en seraient que plus pressées de se fortifier et de s'étendre. Si la sécession, par exemple,

avait réussi, il n'est pas douteux que la nouvelle
confédération du Sud n'eût envahi le Mexique
beaucoup plus tôt que ne le fera la république
américaine reconstituée. De toute façon, le continent américain est destiné, dans toute son étendue, à la race anglo-saxonne, et, en tenant compte
de l'accroissement de vitesse qui est si remarquable dans les événements humains, il est peu
probable qu'il s'écoule plus d'un siècle à un
siècle et demi avant que ce grand changement
soit accompli.

Il n'est pas moins certain que l'Océanie appartient sans retour aux maîtres anglo-saxons de
l'Australie et de la Nouvelle-Zélande, et de ce côté
encore la marche des événements sera bien
rapide. La découverte de l'or a sans doute contribué au prompt accroissement de la population
anglaise en Australie; mais l'immigration ne s'est
point ralentie depuis que la production de la
laine a pris le pas sur la production de l'or.
L'agriculture aura bientôt son tour et la charrue
disputera le sol aux pâturages; enfin, l'industrie

et la marine ne tarderont pas à paraître, car les
Australiens se lasseront bien vite de vendre à
l'état brut des produits qu'ils peuvent manufac-
turer et transporter eux-mêmes ; ils annoncent
déjà avec quelque fierté qu'ils expédient de la
houille dans les ports de l'extrême Orient, et certes
si leur industrie minière se développe, la houille
apportée à si grands frais d'Europe pour les besoins de la navigation orientale ne pourra soutenir leur concurrence. A vrai dire, la seule vue
de la carte suffit pour nous raconter le magnifique
avenir qui attend les nouveaux États de l'Australie. Non-seulement la colonisation européenne
du reste de l'Océanie sera leur œuvre (et quelque jour une nouvelle doctrine Munroë interdira
à la vieille Europe, au nom des États-Unis de
l'Australie, de mettre le pied sur une île du
Pacifique) ; mais on peut prévoir, en outre, que
la Chine, dont ils sont plus près qu'aucune nation
civilisée, les reconnaîtra tôt ou tard pour maîtres.
Les États-Unis semblent avoir un grand avenir en
Orient le jour où leurs côtes du Pacifique seront

en pleine activité et où San-Francisco, déjà si occupé du commerce oriental, aura, de ce même côté de l'Océan, de brillantes rivales. Mais l'Australie peut gagner les États-Unis de vitesse et, en tout cas, elle disputera un jour aux États-Unis la domination commerciale et politique de l'extrême Orient ; car la géographie a ses lois, et, lorsque deux nations également civilisées sont en rivalité pour l'exploitation commerciale ou la domination politique d'un point quelconque du globe, c'est la plus voisine qui, en fin de compte, a le plus de chances pour l'emporter. La Chine sera donc, selon toute probabilité, pour l'Australie, ce que l'Inde a été pour l'Angleterre, et, si l'Angleterre s'éclipsait un jour, il n'est pas moins probable que son empire de l'Inde tomberait encore aux mains de l'Australie. Mais, laissons de côté toutes ces conjectures, bien qu'elles s'imposent à l'esprit avec tous les caractères de la vérité, et bornons-nous à tirer des faits aujourd'hui constants la seule conclusion qui nous intéresse : que ce soient les États-Unis ou l'Australie qui l'emportent un jour dans les mers de la Chine, de l'Inde et du Japon, que l'Angleterre y conserve longtemps encore son empire ou qu'elle y cède le pas aux deux jeunes rivales sorties de son propre sein, nos enfants n'en sont pas moins assurés de voir la race anglo-saxonne maîtresse de l'Océanie comme de l'Amérique et de toutes les parties de l'extrême Orient qui peuvent être dominées, exploitées ou influencées par la possession de la mer. Quand les choses en seront à ce point (et c'est beaucoup que de dire qu'il faudra pour cela deux siècles), pourra-t-on éviter de confesser, d'un bout à l'autre du globe, que le monde est anglo-saxon ?

Ni la Russie, ni l'Allemagne-Unie, en leur supposant la plus haute fortune, ne peuvent prétendre entraver ce cours de choses ni empêcher ce dénoûment relativement prochain de la longue rivalité des races européennes pour la colonisation et la domination ultérieure de notre planète. Le monde ne sera pas plus russe ou allemand qu'il ne sera français, hélas! ou espagnol. Car on peut dire que, depuis que la grande navigation a livré le globe entier aux entreprises des races européennes, trois peuples ont été comme essayés tour à tour par le destin pour être investis du premier rôle dans l'avenir du genre humain, en propageant partout leur langue et leur sang par le moyen de colonies durables, et en faisant, de la sorte, le monde à leur image. On aurait pu croire, au XVIe siècle, que la civilisation espagnole se répandrait sur toute la terre ; mais des vices irrémédiables dissipèrent bien rapidement cette puissance coloniale dont les débris, couvrant encore un vaste espace, attestent la grandeur éphémère ; nous avons été essayés à notre tour, et la Louisiane et le Canada en ont gardé le mélancolique témoignage. Enfin est venue l'Angleterre par laquelle ce grand ouvrage s'est définitivement accompli, et qui peut désormais succomber elle-même sans que son œuvre disparaisse et sans que l'avenir anglo-saxon du monde en soit sensiblement changé. La Russie, même en la supposant maî-

tresse de Constantinople, ne sera jamais en état
de balancer la puissance maritime des Anglo-
Saxons, et ses progrès militaires sur le continent
asiatique seront arrêtés tout court le jour où elle
rencontrera soit l'Angleterre dans l'Inde, soit les
États-Unis ou l'Australie du côté de la Chine. Et,
d'ailleurs, ce n'est point étendre solidement sa
race et son sang que de dominer et d'exploiter
des peuples soumis lorsqu'on ne peut ni se les
assimiler ni les refouler et les remplacer sur le
sol qu'ils occupent. Si, par exemple, l'œuvre
colonisatrice de l'Angleterre s'était bornée à
l'exploitation de l'Inde, il n'y aurait encore aujour-
d'hui aucune raison pour que le monde fût
dévolu à la race anglo-saxonne. Il faut toujours
distinguer un *comptoir* d'une *colonie* digne de ce
nom. L'Inde n'est qu'un comptoir, mais l'Amérique du Nord, peuplée d'émigrants, a été une
colonie anglaise comme l'Australie l'est aujour-
d'hui, et c'est par ces deux forts rejetons que
la race anglaise a pris possession de deux
continents. Voilà ce que la Russie ne saurait

faire, en ne supposant même aucun obstacle
à sa bonne fortune : d'abord, rien ne prouve
que la race russe soit naturellement émigrante
et colonisatrice; en outre, les postes susceptibles
d'être utilement colonisés qui peuvent rester
encore à occuper sur le globe, sont sans importance à côté des deux continents américain et
australien envahis et définitivement acquis par
les anglos-saxons.

C'est surtout cette seconde raison qui interdit de même à l'Allemagne-Unie tout espoir de
faire équilibre aux Anglo-Saxons dans le reste du
monde; car, d'une part, l'Allemagne est popu-
leuse et féconde en émigrants, et, d'autre part, si
nous supposons sa grande fortune achevéé selon
ses vœux, elle aurait dans la Hollande (comme
elle a déjà dans Hambourg) une marine et un
peuple de marins à son service. Mais la Hollande
ne pourrait livrer à l'Allemagne-Unie que des
comptoirs comme Java et Sumatra, et ne lui
apporterait aucun espace favorable à la fondation
d'une vraie colonie germanique. Il est donc pro-

bable que le flot si riche de l'émigration allemande continuerait à se perdre sans profit pour
la métropole dans les veines des États-Unis
d'Amérique qui l'ont absorbé jusqu'à ce jour.
Et alors même que l'Allemagne, toujours jalouse
et devenue plus fière, se déciderait enfin à détourner ce flot d'émigrants vers quelque colonie
nouvelle où flotterait son drapeau, jamais ce
nouvel État dont l'emplacement ne serait pas
aisé à déterminer, ne ferait équilibre aux continents américain et australien irrévocablement
acquis à la race anglo-saxonne.

Nous pouvons donc devancer par l'imagination ce futur état du monde et arrêter nos yeux
sur ce tableau dont les lignes principales sont
déjà, pour ainsi dire, esquissées par la main du
destin. Et, si nous voulons sérieusement nous
demander combien de temps pourra s'écouler
encore avant que la terre ait pris cette face nouvelle, nous verrons aisément que deux siècles
sont à peine nécessaires pour porter à son comble, dans la région océanienne comme dans

l'hémisphère américain, la grandeur anglo-
saxone. Cette grandeur, une fois établie, ne
pourra plus être menacée du dehors comme celle
de Rome que le monde barbare entourait de
toutes parts; il n'y a plus de barbares, et la race
qui se trouvera investie de la conduite du genre
humain n'aura pas à craindre la concurrence, ni
même l'apparition d'une race nouvelle. On peut
compter, sans doute, sur des divisions et sur des
luttes entre ces arbitres définitifs des affaires
humaines; on a vu plusieurs fois dans le monde
des nations de même sang et de même langue se
regarder d'un œil jaloux et combattre pour l'empire; les anciennes rivalités des petites républiques de la Grèce peuvent donc se reproduire un
jour avec une tout autre ampleur sur ce vaste
théâtre, entre ces enfants dispersés d'une même
patrie; à moins que, par un progrès inespéré de
la raison et de la moralité humaines, par l'ascendant croissant des idées de justice, par l'affer-
missement universel des institutions libres, la
paix ne soit enfin garantie sur le globe et que

notre monde, après tant de secousses, ne soit enfin livré aux hommes de bonne volonté jusqu'au dernier jour de son existence.

De toute façon quel est, dans cet avenir pacifique ou guerrier, la part de la France? Si un grand changement politique et moral ne se produit point en elle, si notre population, obstinément attachée au sol natal, continue tantôt à s'y accroître avec une extrême lenteur, tantôt même (comme il nous est arrivé pendant dix années) à rester stationnaire ou à décroître, nous pèserons, toutes proportions gardées, dans le monde anglo-saxon, autant qu'Athènes pesait jadis dans le monde romain. Nous serons toujours la plus attrayante et la plus recherchée des sociétés de l'Europe, et nous brillerons encore de la plus vive lumière dans cet assemblage d'États vieillis, comme jadis Athènes parmi les cités de la Grèce déchue; car l'Europe dans son ensemble sera dès lors assez analogue à la Grèce au temps de son affaiblissement, et, en supposant même que l'Allemagne pût dominer longtemps l'Europe, cette domination compterait alors aussi peu, en dehors du continent européen, que la domination de la Macédoine comptait peu en dehors de la Grèce, une fois que se fut levé à l'horizon l'astre imposant de Rome. Les lettres, l'esprit, la grâce, le plaisir habiteront donc encore parmi nous, mais la vie, la puissance et le solide éclat seront ailleurs. Notre langue, nos mœurs, nos arts, nos écrits seront toujours goûtés et notre histoire, restée familière à tous les hommes éclairés de ce nouveau monde donnerait aux générations futures, comme l'histoire de la Grèce dans les écoles de Rome, des modèles littéraires à suivre et des exemples politiques à éviter.

Devons-nous accepter, sans un suprême effort, un tel avenir, et suffit-il, pour nous en consoler, de nous dire comme je l'entends souvent répéter autour de moi (non sans quelque honte), que ce qui doit arriver dans deux siècles ne nous importe guère, et qu'il faut nous estimer suffisamment heureux de ne point assister en personne à cette déchéance de la patrie? Qu'est-ce pourtant que deux siècles dans l'histoire d'une nation, en admettant d'ailleurs que les événements n'aient pas une marche encore plus rapide? Veut-on voir le peu que comptent deux siècles dans la vie de la France et combien cet espace, étendu seulement en apparence, se rétrécit et se resserre, si l'on prend pour mesure les événements accomplis et la vivacité de nos souvenirs? Il y a précisément deux siècles, en 1667 et 1668, Louis XIV conquérait la Flandre et la Franche-Comté, Racine écrivait *Andromaque* et *les Plaideurs* et l'année suivante *Britannicus,* Molière donnait *Tartufe* au genre humain. Ces grandes choses ne nous paraissent-elles pas d'hier? Ne remontons-nous pas bien facilement jusqu'à cette époque à travers quelques générations d'hommes? Des personnages de notre révolution à Voltaire et à Rousseau, il n'y a qu'un pas et tous deux étaient contemporains de Fontenelle, qui avait dix ans lorsque s'accomplissaient les sages conquêtes et les œuvres admirables que je viens de rappeler. Ce passé, qui nous serre de si près, devrait nous faire comprendre l'imminence de l'avenir. Imiterons-nous donc Louis XV disant « Après moi le déluge, » et le sort de nos petits-fils nous est-il à ce point indifférent?

Quel moyen nous reste-t-il cependant pour nous ménager dans ce monde ainsi renouvelé autre chose qu'un souvenir honorable, et que les égards dus à notre passé, c'est-à-dire une *place matérielle et une force physique* dignes de notre légitime orgueil, capables d'imposer encore quelque considération aux peuples de la terre et d'entourer d'un respect suffisant le nom glorieux de la vieille France ? Lorsque le chef actuel de notre pays a dit que le rang d'une nation se mesure au nombre d'hommes qu'elle peut mettre sous les armes, il a donné seulement une forme trop absolue à une idée juste ; car il faut tenir compte de la qualité relative des hommes aussi bien que de leur nombre. Xerxès, par exemple, a mis sous les armes infiniment plus d'hommes que la Grèce, et pourtant la grande âme de la Grèce l'a vaincu. Mais, lorsqu'il s'agit

de nations également civilisées et de citoyens
courageux, également soutenus par le sentiment
de l'honneur, cette maxime devient rigoureusement vraie, et c'est à la nation la plus nombreuse qu'appartient inévitablement l'ascendant
militaire et politique avec tous les avantages
matériels et moraux qui en découlent. Il faut
donc considérer comme *absolument chimérique*
tout projet et toute espérance de conserver à la
France son rang relatif dans le monde, si ces
espérances, ces projets, ne prennent pas pour
point de départ cette maxime : *le nombre des
Français doit s'augmenter assez rapidement pour
maintenir un certain équilibre entre notre puissance et celle des autres grandes nations de la
terre.*

Or, quarante millions de Français, concen-
trés sur notre territoire, ne sont guère suffisants
pour faire équilibre aux cinquante et un millions
d'Allemands que la Prusse réunira peut-être sur
notre frontière, et à la population croissante de
la Russie dans un avenir un peu plus éloigné ;

mais combien ce chiffre de quarante millions devient insignifiant, si nous faisons le compte des
individus de langue anglaise qui couvriront le
globe, quand les États-Unis auront atteint leur
complet développement, et quand les États anglo-
saxons de l'Océanie seront en pleine prospérité!
Comment nous assurer l'accroissement de population et où trouver par conséquent l'accroissement
de territoire qui seraient alors indispensables,
pour que le nom français pût compter encore dans
le monde? Nous ne pouvons plus songer aux colonies lointaines. Il peut être excellent, au point
de vue politique et commercial, de mettre la
main sur un *comptoir* comme sera la Cochin-
chine; mais, quant aux colonies véritables, celles
où l'on peut s'implanter pour multiplier, on n'en
voit plus à fonder dans le monde : la place est
prise, et, alors même qu'il resterait au loin un
poste favorable à occuper, comment décider les
Français à s'y établir? La Nouvelle-Zélande,
aussi grande que l'Angleterre, favorisée du cli-
mat le plus tempéré, et si bien placée pour faire

un certain équilibre à l'Australie, a été longtemps sous notre main sans que nous ayons dai-
gné la prendre, et d'ailleurs, si nous y avions
planté le drapeau de la France, nos nationaux
l'auraient-ils suivi, et verrait-on aujourd'hui sur
cette terre des villes, des fermes, des ateliers, une
presse libre, un parlement, tout ce qu'y a porté
enfin en quelques années l'émigration anglo-
saxonne? Si pourtant la population s'accroît si
lentement sur notre territoire, et s'il n'y a plus à
tenter la fondation de quelque lointain empire,
toute chance nous est-elle enlevée de multiplier
rapidement le nombre des Français, et de nous
maintenir en quantité respectable sur la terre?

Nous avons encore cette chance suprême, et
cette chance s'appelle d'un nom qui devrait être
plus populaire en France, l'Algérie. Cette terre
est féconde, elle convient excellemment par la
nature du sol à une nation d'agriculteurs, et
l'amélioration du régime des eaux, qui est en
ce pays la question la plus importante, n'est
nullement au-dessus de notre science et de nos

richesses. Cette terre est assez près de nous pour
que le Français, qui n'aime pas à perdre de vue
son clocher, ne s'y regarde pas comme exilé, et
puisse continuer à suivre des yeux et du cœur
les affaires de la mère patrie. Enfin elle est pour
nous, par son rapprochement de nos côtes et par
sa configuration même, d'une défense facile, et
les deux contrées qui la bornent n'imposent aucune limite efficace à notre action, le jour où il
nous paraîtra nécessaire de nous étendre. Puisse-
t-il venir bientôt, ce jour où nos concitoyens, à
l'étroit dans notre France africaine, déborderont
sur le Maroc et sur la Tunisie, et fonderont enfin
cet empire méditerranéen qui ne sera pas seulement une satisfaction pour notre orgueil, mais
qui sera certainement dans l'état futur du
monde, la dernière ressource de notre grandeur !

Deux obstacles ont ralenti jusqu'à ce jour la
colonisation française de l'Algérie : l'existence
de la race arabe qu'il paraît également difficile
de nous assimiler ou de détruire, et nos longues

incertitudes sur le régime qu'il convient d'adopter pour le gouvernement et l'administration de la colonie. Mais il n'est nullement impossible et il est urgent de résoudre ces deux problèmes ; il y a un chemin intermédiaire à prendre entre le procédé inhumain et impolitique qui consisterait à détruire ou à refouler de parti pris les Arabes et le procédé tout opposé qui consiste à sacrifier, par un respect exagéré des préjugés et de la faiblesse des Arabes, les intérêts légitimes des colons et le besoin si pressant de la France de jeter des racines profondes en Afrique. Il est temps de faire passer ce grand intérêt avant tous les autres, d'établir en Afrique des lois uniquement conçues en vue de l'extension de la colonisation française, et de laisser ensuite les Arabes se tirer, comme ils le pourront, à armes égales, de la bataille de la vie. L'Afrique ne doit pas être pour nous un *comptoir* comme l'Inde, ni seulement un camp et un champ d'exercice pour notre armée, encore moins un champ d'expérience pour nos philanthropes ;

c'est une terre française qui doit être *le plus tôt possible* peuplée, possédée et cultivée par des Français, si nous voulons qu'elle puisse un jour peser de notre côté dans l'arrangement des affaires humaines.

Car il n'y a que deux façons de concevoir la destinée future de la France : ou bien nous resterons ce que nous sommes, nous consumant sur place dans une agitation intermittente et impuissante, au milieu de la rapide transformation de tout ce qui nous entoure, et nous tomberons dans une honteuse insignifiance, sur ce globe occupé par la postérité de nos anciens rivaux, parlant leur langue, dominé par leurs usages et rempli de leurs affaires, soit qu'ils vivent unis pour exploiter en commun le reste de la race humaine, soit qu'ils se jalousent et se combattent au-dessus de nos têtes; ou bien de quatre-vingts à cent millions de Français, fortement établis sur les deux rives de la Méditerranée, au cœur de l'ancien continent, maintiendront à travers les temps, le nom, la langue et la légitime considération de la France. Qu'on en soit pourtant bien persuadé : ce n'est pas à un moindre prix, ni avec de moindres forces, qu'on pourra être compté pour quelque chose et suffisamment respecté dans ce monde nouveau, que nous ne verrons pas, mais qui s'approche assez pour projeter déjà sur nous son ombre et dans lequel vivront nos petits-fils. Puisse la préoccupation de ce redoutable avenir nous faire estimer à leur juste prix nos misérables querelles, et nous unir enfin dans un vœu ardent et dans un généreux effort pour la perpétuité et pour l'honneur du nom français !

FIN

PARIS. — J. CLAYE, IMPRIMEUR, RUE SAINT-BENOIT, 7. — [657]

TABLE DES MATIÈRES

———

FIN DE LA TABLE.

PARIS. — J. CLAYE, IMPRIMEUR, RUE SAINT-BENOIT, 7. — [657]

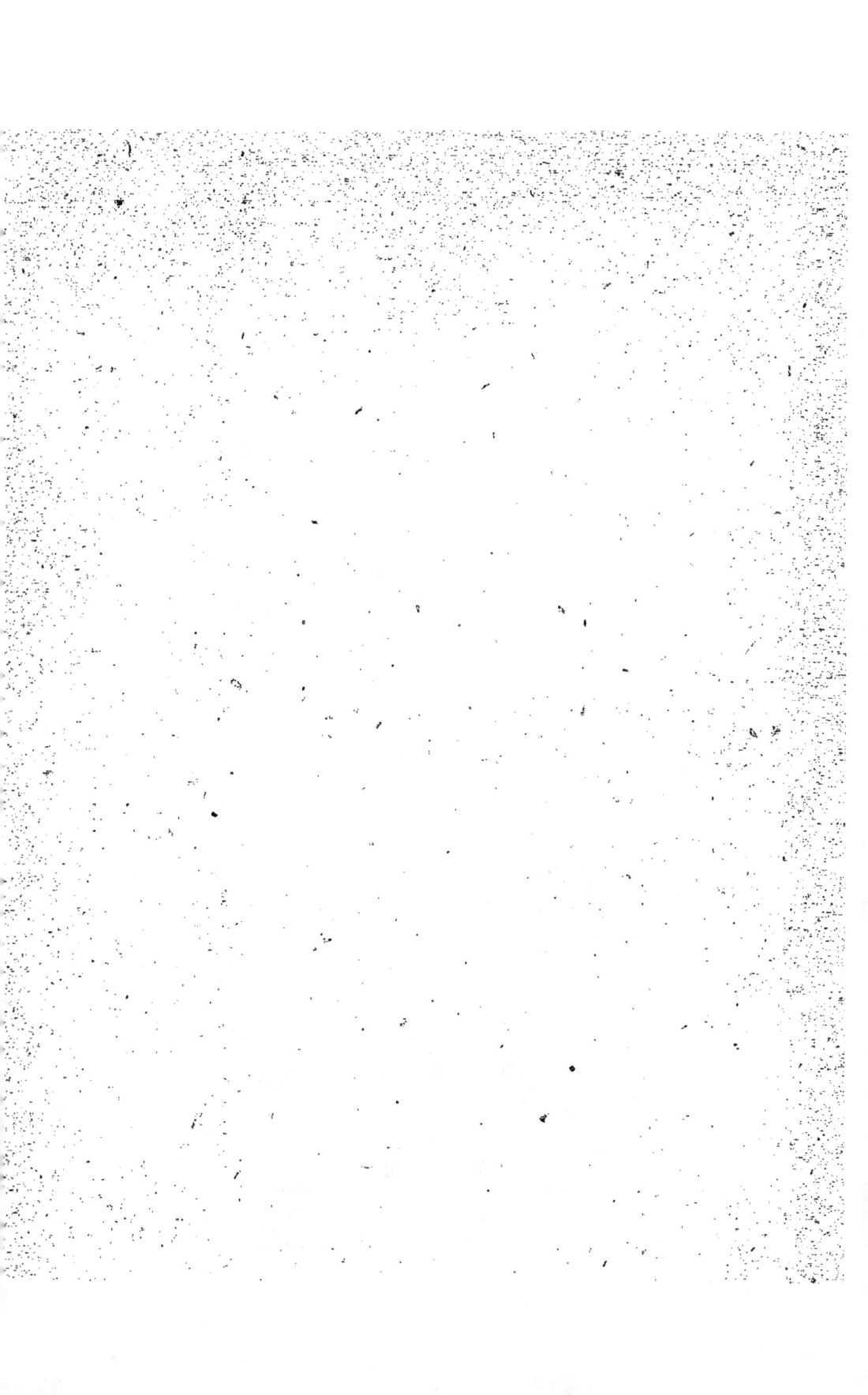

J.-J. AMPÈRE

L'histoire romaine à Rome, avec des plans topographiques de Rome à diverses époques. — 2e édition. — 4 vol. . . . . 30 »
L'Empire romain à Rome. — 2 vol. . . . . 15 »
Mélanges d'histoire et de littérature. — 2 vol. 12 »
Voyage en Égypte et en Nubie. 1 vol. 7 50

J.-B. BIOT
Membre de l'Institut

Mélanges scientifiques et littéraires. 3 vol. . . 22 50
Études sur l'astronomie indienne et sur l'astronomie chinoise. — 1 vol. . 7 50

DUVERGIER DE HAURANNE

Histoire du gouvernement parlementaire en France, (1814-1848), précédée d'une Introduction. — 8 vol. . . . . 60 »

F. GUIZOT

Mémoires pour servir à l'histoire de mon temps. — 2e édition. — 8 vol. 60 »
Histoire parlementaire de France, complément des Mémoires pour servir à l'histoire de mon temps. — 5 vol. 37 50
Mélanges biographiques et littéraires. — 2e édition. — 1 vol. 7 50
Méditations sur l'essence de la religion chrétienne. — 2e édition. — 1 v. 6 »
Méditations sur l'état actuel de la religion chrétienne. — 1 vol. . . . . 6 »
Méditations sur la religion chrétienne dans ses rapports avec l'état actuel des sociétés et des esprits. — 1 vol. . . . . 6 »
La Jeunesse du prince Albert, traduction publiée sous les auspices de M. Guizot. — 1 vol. . . . . 6 »

PRÉVOST-PARADOL

La France nouvelle. — 1 vol. 7 50

SAINTE-BEUVE

Poésies complètes. — Nouvelle édit. très-augmentée. — 2 vol. . . . . 10 »

LE PRINCE EUGÈNE

Mémoires et correspondance politique et militaire publiés par A. DU CASSE. — 10 vol. . . . . 60 »

LOUIS DE VIEL-CASTEL

Histoire de la Restauration. 11 vol. . . . . 66 »

LORD MACAULAY
Trad. de GUILLAUME GUIZOT
Essais historiques et biographiques. — 2 vol. 12 »
Essais politiques et philosophiques. — 1 vol. 6 »
Essais littéraires. — 1 v. 6 »
Essais sur l'Histoire d'Angleterre. — 1 vol. 6 »

JOSEPH DE MAISTRE

Correspondance diplomatique, (1811-1817), publiée par Alb. Blanc. 2 v. 15 »

ERNEST RENAN

Les Apôtres. — 1 v. 7 50
La vie de Jésus, 13e édition. 1 vol. 7 50
Questions contemporaines. — 2e édition. — 1 v. 7 50

ALEXIS DE TOCQUEVILLE
OEuvres complètes
L'ancien régime et la Révolution. — 1 vol. 6 »
De la démocratie en Amérique. — 3 vol. . . 18 »
OEuvres posthumes et Correspondance. — 2 v. 12 »
Nouvelle correspondance entièrement inédite. — 1 volume. . . . . 6 »
Mélanges, Fragments historiques et Notes. — 1 volume. . . . . 6 »
Études économiques, politiques et littéraires. — 1 volume. . . . . 6 »

SAINT-MARC GIRARDIN

La Fontaine et les fabulistes, — 2 vol. . . . . . . 13 »

E. BEULÉ

Auguste, sa famille et ses amis. — 2e édit. — 1 v. 6 »
Tibère et l'Héritage d'Auguste. — 1 vol. . . 6 »

LE COMTE D'HAUSSONVILLE

L'Église romaine et le premier empire. — 2 v. 15 »

A. KUENEN *Trad. de* A. PIERSON

Histoire critique des livres de l'Ancien Testament, avec une préface d'Ern. RENAN. 2 vol. . . . . 15 »

A. DE LAMARTINE

Antoniella. — 1 vol. 6 »

PAUL DE SAINT-VICTOR

Hommes et Dieux. — 3e édition. — 1 vol. . . . 7 50

F. PONSARD

OEuvres complètes. — 2 volumes. . . . . 15 »

TH. ERSKINE MAY
Trad. de CORNÉLIS DE WITT
Histoire constitutionnelle de l'Angleterre (1760-1860), précédée d'une Introduction. — 2 vol. . . . 12 »

VICTOR JACQUEMONT

Correspondance inédite avec sa famille et ses amis, 1824-1832, précédée d'une notice par V. JACQUEMONT neveu et d'une Introduction de Pr. MÉRIMÉE. — 2 vol. . . . . 12 »

MICHEL NICOLAS

Études sur les évangiles apocryphes. — 1 vol. 7 50
Le Symbole des apôtres, essai historique. — 1 volume. 7 50

LOUIS REYBAUD

Études sur le régime des manufactures, — soie, — coton, — laine. — 3 volumes. 22 50

www.ingramcontent.com/pod-product-compliance
Lightning Source LLC
Chambersburg PA
CBHW071950270326
41928CB00009B/1399